景気の回復が感じられないのはなぜか

長期停滞論争

著
ローレンス・サマーズ
Lawrence H. Summers
ベン・バーナンキ
Ben S. Bernanke
ポール・クルーグマン
Paul Krugman
アルヴィン・ハンセン
Alvin H. Hansen

編訳・解説
山形浩生

The Enigma of the Elusive Recovery

世界思想社

はじめに：長期停滞論争

山形浩生

二〇一三年から二〇一五年にかけて、アメリカでは非常におもしろい経済学上の論争が展開されていた。それがここで紹介する長期停滞論争だ。

本書は、その論争の様子をたどると共に、そこから得られる知見を整理することで日本経済の現状（と対応）についての示唆を得ようとするものだ。

この長期停滞論争は、単なるアカデミックな論争や、アメリカローカルな議論にとどまるものではなかった。当時／いまの日本を含め、世界が直面していた（そしていまだにある程度は残っている）問題を正面から考えたもので、政策的な含意も大きい。結果として、この議論は狭い意味での論争当事者（ローレンス・サマーズとベン・バーナンキ）を超えて、きわめて大きな広がりを見せた。

そしてもう一つおもしろい点として、その議論は専門的な論文にとどまらず、ブログなどで一般の人にも十分に理解できる形で展開された。これはいつもうらやましく思うことだけれど、経済学のトップクラスの学者であり、そして経済政策実務においても要職を占めてきた人びとが、こうしたブログなどの公開の場で、経済情勢や現象についての見方を非常にストレートな形で述べてくれている。それも、まだ理論化されていない漠然とした着想の段階から、それがだんだんまとまった理論になるまでのプロセスまで公開してくれることも多い。ポール・クルーグマンは自分の学者としてのキャリア形成において、ウィリアム・ノードハウスがエネルギー価格についての漠然とした着想をモデル化し、理論として完成させるプロセスを見たことがとても重要だったと述べている。英語の経済学ブログ読者は、まさにそうしたプロセスに触れられるのだ。

この長期停滞論争でも、そうした議論が深まるプロセスがとても明瞭に出ている。多くの人は（ぼくも含め）すぐに結論を求めたがる。「長期停滞論って、結局どうだったのよ。正しいの、まちがってんの？」という具合。でも重要なのは、そこで人びとが何を重視し、議論の中で何を取捨選択していったかというプロセスのほうだ。本書はそれをざっとなぞることで、まずそのプロセスの片鱗にでも触れてほしいと思う。

もちろん、結論だって大事だ。この長期停滞論争の結論は、日本経済の現状についても大きな意味を持っている。議論の中でも明示されているとおり、日本こそは文句なしの長期停滞の見本だ。本書では、アメリカは長期停滞かどうかで論争が展開されるけれど、日本については長期停滞の深刻さが疑問視されることはほぼない。だからこの本で、アメリカを念頭に展開される長期停滞への処方箋は、日本についてはなおさら重要なものとなる。アメリカFRB元議長のベン・バーナンキが日本で行った講演は、まさに長期停滞の処方箋の日本への適用をめぐるものなのだ。

1　長期停滞論とは何か？

長期停滞論は、まさにその名のとおり、景気の停滞が長いこと続く、という話だ。そして現在のアメリカ（さらには日本を含む世界）がそういう状態に陥っている、というのが問題提起となる。なぜそうなっているんだろうか、そしてそこからの脱出方法は？

もともとこの議論は、大恐慌後に回復が遅れた一九三〇年代のアメリカ経済についての仮説として言われたものだ。本書では後で当時の議論も検討するけれど、現在の状況はその頃と結構似ている。二〇〇八年の世界金融危機にともなう不景気後に、世界経済がなかなか回復しな

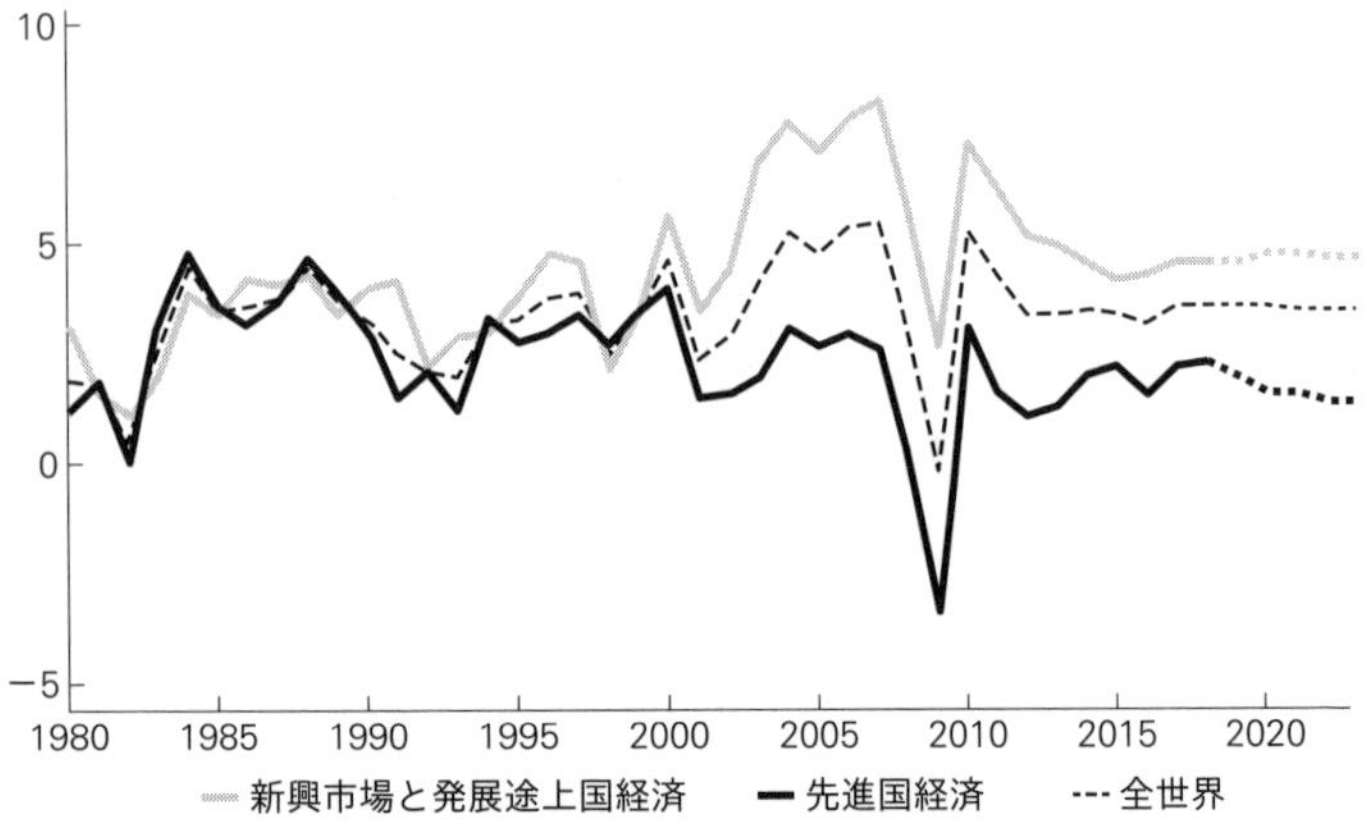

図　実質 GDP 成長率（年次変化，％）
出所： IMF, World Economic Outlook（2018 年 10 月）

いのだ。

いまの世界経済は、どこをとってもあまり元気とは言えない状況だ。世界経済を牽引するような堅調な成長を遂げているところはない。二〇一八年の実質経済成長率は、世界全体で三・七％、先進国では二・四％だ。この水準は、世界金融危機／リーマンショック前より少し低めだ。

さてこれはちょっと不思議なことだ。一般に、景気が一時的に落ち込むと、その後の回復はその分だけ急激になる。つまり、トレンドより高い成長率がしばらく続いてほしいところだ。ところが、世界金融危機／リーマンショック以後の回復はそうなっていない。二〇〇九年の落ち込みから、二〇一〇年にはちょっと高めになったものの、その後さらにジリ貧で低位安定という具合だ。世界金融危機が作ったギャップを埋めるような高めの経済回復はほぼない。

そして多くの人はこの状態になれすぎてしまったので、以前ならカスのような水準でも、安定成長だの力強い回復だのと喜ばれてしまう志の低さだ。それどころか金融危機のトラウマが強すぎて、以前ならぼちぼち程度の状態——経済成長でも雇用でも株価でも——ですら「バブル再燃が—」とおろおろしはじめる始末。二〇一八年に入って、世界的に経済成長回復が鮮明になりつつあるが、これですら歴史的にはそこそこでしかない。

なぜだろうか。なぜもっとしっかり回復しないんだろうか。在庫の調整が終わればとか、資産価格が適正になればとか、不良債権が、とか雇用調整が進めばとか、よく言われる景気回復の条件はおおむねクリアされているようなのに？

この問題に対する答は、大きく二つある。これを循環派と構造派とでも名づけようか。

◆循環派　これは一時的な現象であり、長期的には解消されて景気は戻る（経済は完全雇用になる）

◆構造派　これは経済の構造が変わった（戻った）のであり、いままでの時期とはちがう

これは、必ずしも右とか左とかに分かれるものじゃない。いまの日本に即して言うと、日本

の不景気は循環的な要因によるものだから何もしないほうがいい、金融政策や財政出動はかえって状況を歪めるだけ、という主張をする人も多い。一方で、いまの日本は高齢化で経済成長が下がった、インターネットで経済の仕組みが変わった、いまの低成長は構造的な要因によるものだから、金融財政政策なんかしても無駄、という主張をする人もいる。どちらの議論からも、現状の容認・黙認は導ける。

一方で、循環派ではケインズが「長期的にはよくなる、ですませるなら経済学なんかいらない、長期的にはわれわれみんな死んでいる」（『お金の改革論／貨幣改革論』）と述べて積極的な対応を求めたのは有名な話。そして経済の構造が変わっているから、それに対応するために財政出動や金融対応をしろ、というような議論もありえる。たとえばピケティは『21世紀の資本』で、人口成長は衰えているしイノベーションは下がっていて、これからは低成長が常態だ、だからこそ所得再分配策をがんばれ、という主張を行った。どちらの議論からも、積極的な政策介入は言える。

なお長期停滞論は幅の広い議論なので、人によって微妙に定義がちがうこともある。潜在GDPと実際のGDPとのギャップに注目し、それを埋める完全雇用の実現を重視したい人もいれば、それよりはむしろ金利が上がらないことに注目しようという人もいる。もう少しマニアックな世界に入ると、こうしたちがいがもっと意味を持つ場合もあるので、文脈次第で注意は必要だ。でも本書での議論の水準だと、これはそんなに問題にはならない。

2　長期停滞論争の展開

二〇一三―二〇一五年の長期停滞論争は、ローレンス・サマーズが口火を切ってから、経済学の全体に大きく広がった。その議論の広がりすべてを紹介し尽くすのはもちろん不可能だ。本書ではその中でも、この課題をめぐる認識についてかなりのまとまったやりとりが行われた、ローレンス・サマーズとベン・バーナンキの論争を中心に紹介する。これにより、長期停滞論争で何が問題になっていたのかと、それに対する反論、そしてこの議論が主に世界先進国の経済状況とその政策にとって持っていた意義が明らかになると考えるからだ。

少し話を先取りしておこう。さっきの枠組みを使うなら、ローレンス・サマーズは循環派と構造派の折衷じみた枠組みをもとに、景気回復と完全雇用の実現に向けた積極的な政策介入、特に大規模な財政出動を訴えた。これに対し、ベン・バーナンキは、かなり強い循環派的な認識をもとに、あまりに直接的な介入に対しては消極的な姿勢をみせていた。

以下では、この両者の主張について、それが主に展開された各種の講演やブログ記事をもとにたどる。この議論にともない、特にローレンス・サマーズは各種の実証研究論文も発表しているし、またこの議論にコメントを入れているポール・クルーグマンも、多くの関連コラムや研究を行っているけれど、でも論争そのものを理解するのに、必ずしもそうした本格的な論文を読む必要はない。それは本書に出てくる主要な論点を精緻化し検証するものでしかないからだ（それが重要じゃないというのではないよ!!）。この論争をほぼリアルタイムで読めたのは、この訳者・編者にとってきわめて刺激的な体験だった。読者のみなさんにも、それを多少なりとも追体験してほしい。

そしてもう一つ、この長期停滞論は、いま初めて登場したものではない。バブルごとに「今度こそはバブルに非ず」と言われたのは有名だが、大小の不景気が起きるたびにやはり、「今度こそ単なる不景気に非ず」という声は起こる。なかでも「長期停滞」という名前がついた代表的なものは、一九三〇年代の大恐慌後のアメリカで提起されていた。本書では、それについてもざっと見よう。それを通じて現代の長期停滞論（サマーズ的に言うなら「新長期停滞論」）の特徴も見やすくなるからだ。

それでは、これから実際の論争を、その発端からどうぞ。

『景気の回復が感じられないのはなぜか――長期停滞論争』目次

【凡例】

・原注および原文のリンクは、†の記号を付して、章末に掲載している。
・訳注は＊の記号を付して、欄外に記した。

1　アメリカ経済は長期停滞か？

ローレンス・サマーズ
二〇一三年一一月八日

　この場に立てて光栄です。数年前に、スタンリー・フィッシャーがＩＭＦ（国際通貨基金）を辞めたときに、かれがＩＭＦでいかに見事な業績を挙げたかについて話す機会がありましたし、また数か月前にかれがイスラエル中央銀行総裁を辞したときに、イスラエル中央銀行での見事な業績についても話す機会がありました。そこでこの午後には、こうした業績については触れないことにしましょう。

　むしろ、わたしの念頭にある数字は、おそらくこの部屋のほとんどの人にはまったくなじみのない数字です。それは一四・四六二。これはＭＩＴで、スタンリー・フィッシャーが担当していた金融経済学の大学院講義の番号なんです。これはわたしがいまのような人生、つまりマクロ経済学者としての人生を送ることに決めた理由の大きな一つだし、おそらくはオリヴィエ（ブランシャール）も、ベン（バーナンキ）もケン（ロゴフ）も同じではないかと思っています。

あれはすばらしい知的体験でしたし、またもう一つ見事だったのは、それが単なる知的お遊びではないことをスタン・フィッシャーが決して忘れなかったことです。こうした問いに正しく答えることで、国やその国民の生活にものすごい差が生じることをスタンは強調しました。だからIMFとイスラエルの話は他の方々に任せて、一四・四六二全員になり代わってお礼を言わせてください。そしてその後もずっとわたしたちに教えてくれたことについても。

わたしはこれまで（ベン・バーナンキ、スタン・フィッシャー、ケン・ロゴフにより）述べられたことの大半に同意します——すばやく動くのが重要であること、流動性を決然と供給する必要があること、金融問題がだらだら続くのを許してはいけないこと、将来の危機を防ぐためにしっかりした包括的な枠組みの構築が重要だということです。わたしが公的部門の一員なら、ここでそれぞれの主題についてしっかりした形で（自分が思うほどしっかりしていない可能性もありますが）長々と述べることでしょう。でもわたしは公的部門の一員ではないので、こういう話もいっさいしません。

お話しするのは、それと深く関係がありそうな別のことです。それは、金融は金融屋や金融当局にすら任せておくには重要すぎるという、どうしても頭を離れない懸念のことです。金融の安定性は、満足のいく経済パフォーマンスの必要条件ではありますが、金融にばかり注目している人びとがしばしばとらえ損ねることとして、十分条件にはほど遠いのです。

二〇〇七－二〇〇八年の危機を抑えたのが偉業だったというのはみんな同意しておりますし、またその同意は正当なものだったと思います。二〇〇八年秋と二〇〇九年冬には、ほとんどの統計で見ると――GDPでも、工業生産でも、雇用でも世界貿易でも株式市場でも――一九二九年秋や一九三〇年冬よりひどいと思われたものが、結果的に大恐慌とはかなりちがう結果でおさまったのですから。これはどういう祝い方をするにしても、大きな業績です。

でも思うに、その状況についてもっと注目すべき側面がもう一つあって、どうも十分に考察されていないように思うのです。それはこういうことです。四年前、二〇〇九年秋に、金融パニックはおさまりました。TARP[*1]の資金は返済され、クレジットスプレッド[*2]はかなり正常化して、もうパニックの雰囲気はありませんでした。パニックの後でこんなにすぐ、こんなに急

＊1　金融危機への対処として、金融機関の持つ不良資産をアメリカ政府が買い上げて財務健全化を図ったプログラム。
＊2　アメリカ国債と社債との金利または収益率の差。金融危機時には多くの社債が危険資産とみなされてクレジットスプレッドが大幅に拡大した。

激に金融状況を正常化できたというのは、たいしたものです。

でも金融正常化から四年経って、成人の就労比率はまったく増えておらず、GDPは二〇〇九年秋に定義した潜在GDPをますます下回るようになっています。そして金融危機以後の嘆かわしい経済パフォーマンスというアメリカの経験は、ケン・ロゴフとカーメン・ラインハートの研究が示したように、アメリカに限られたものではありません。特に日本の例が明確です。クリントン政権の始まりのときに、長期世界経済予測を行ったのを覚えています。日本の二〇一三年現在の実質GDPは、アメリカ財務省やFRBや世界銀行やIMFが一九九三年に予測した水準の半分強でしかありません。

古典派モデルでもケインジアンモデルでも、安定化政策というのは変動――ある平均値を中心にした変動――についてのものであり、マクロ経済政策で達成可能な目標、つまりは適切な目的というのは、変動を抑えることだというのが不動の柱です。ひょっとしたらですね、スタン、一四・四六二の講義でかなり徹底的に否定された、古くてかなり過激な発想、つまり長期停滞と呼ばれていた古い考え方なんですが、これが一九九〇年代以来の日本の経験を理解するために重要なのではないかと思うし、また今日のアメリカの経験とも無関係ではないんじゃないかと思うわけなんです。

なぜわたしがこうした表現で考えるようになったか、少し説明させてください。二〇〇八年危機以前の経済を調べたら、ちょっと奇妙なことが出てきます。多くの人が、当時の金融政策は緩すぎたと思っています。みんな、野放図な融資が大量に行われていたと言います。ほとんどの人は、家計が認識していた富が現実離れしていたと思っています。緩いお金、多すぎる借入れ、多すぎる富。でも大好況が起こっていたか？　設備稼働はそんなにきつくありませんでした。失業はすさまじく低い水準でもなかった。インフレはほとんどないも同然。つまりどういうわけか、大バブルでさえ総需要過剰を引き起こすには不十分だったんです。

さて、金融危機以後の時期を考えてみましょう。個人的な趣味ですが、わたしはこうした危機について、いつも停電に例えたり、電話線がすべて不通になったりした場合に例えたりします。そういう事態が起きたらどうなるでしょう。ネットワークは崩壊します。接続が切れてしまう。そして産出はもちろん、激減します。一部の経済学者は、電力なんて経済の四％にすぎないから、電力の八割を失っても、経済の三％以上が失われるはずはない、なんてことを言うでしょう。ミネソタとかシカゴとかでは、まさにそんな論文を書いている人がいるかもしれませんが、[*3]その他ほとんどの人はこれを、目に見える証拠がストレートなミクロ経済の理論を粉

＊3　シカゴ大をはじめ、市場万能主義の論者たちによる、金融は実物経済にまったく影響しないという理論の中心地に対する嫌味。

砕したのだと解釈することでしょう。

そして、モデルではきちんと理解できなくても、理由はどうあれ電力がなければ、経済も実のところ動きようがないのも理解できるでしょう。金融フローや金融のつながりについても、似たようなことが言えました。だからこそ、明かりがふたたびつくようにするのが重要だし、だからこそ金融システムを落ち着かせるのが重要だったんです。

でもこの思考実験で、たとえば電力の八割が数か月にわたって停電していたらどうなるか想像してください。GDPは崩壊します。では、その後のGDPがどうなるか考えてください。かなりのキャッチアップが行われ、低下した在庫を補充するため、生産がすさまじく加速するんじゃないかと普通は思うでしょう。だから、いったん事態が正常化したら、以前よりもずっと高いGDPが実現するはずで、四年経っても以前よりずっと低い水準のままでいるとは考えられないでしょう。だから、もしパニックだけが問題だったのであれば、金融正常化でも低成長が続いたというのは何か不思議なことです。

すると、この両方の観察に適合する説明はどんなものでしょうか？　仮に完全雇用と整合する短期実質金利[*4]が、二〇〇〇年代半ばにマイナス二%からマイナス三%あたりに落ち込んだとしましょう。だったら何が起こるでしょうか？　この場合、野放図な金融からくる需要への人工的な刺激があっても、過剰な需要は生じないことになります。そして通常の融資状況がそこそこ回復しても、完全雇用に戻るにはずいぶん苦労することになります。

はいはい、たしかにパニックはひどいものだし、金融政策は金利ゼロのときでもパニックを抑えられるというのは文句なしに実証されました。短期金利がゼロのときでも、これ以上短期金利は下げられませんが、それでも金融政策は無数の他の資産価格に影響を与え、それにより需要を支えられます。これも文句なしとは言いませんが、それなりに示されたようです。需要に対するその影響がどれほどのものかはそんなにはっきりしませんが、でも影響はあるんです。

でも自然金利や均衡金利[*5]がゼロを大きく下回ったとします。すると伝統的なマクロ経済的考え方だと、深刻に困ったことになります。というのも、政策金利なら永遠に低い水準に保てても、それを越えるとんでもない手段を永遠に続けるのはずっと困難であり、それでも根底にある問題は永遠に残りかねないという点にはだれもが同意しているようだからです。もし現行のインフレ率から考えて、均衡金利が実現できないのであれば、財政赤字はごく短期ですむと主張するのはずっと難しくなります。

＊4　金利が低いほど景気はよくなり、遊休設備や失業者が雇用される。経済の中のすべてのリソースが使われるようになった状態が完全雇用。実質金利は名目金利からインフレ率を引いたもの。
＊5　経済の中で遊休設備や失業者がなく、すべてが雇用されるために必要な金利の水準。

この見方が正しいなら、将来の危機を防ぐという名目で行われそうな対策のほとんどは、むしろ有害ということになります。というのもそれらは、なんらかの形で金融仲介のコストを上げることになり、したがって安全で流動性の高い証券の均衡金利を下げるように働くからです。

さて、これはみんなばかげた話で、わたしが全然まちがっているのかもしれません。でも危機に見事に対処してから四年経っても、均衡を回復するような成長の証拠が本当に何もない以上、これまで行われてきた金融政策よりも少ないことをやろうとする金融政策、これまでの財政政策よりも少ないことしかしない財政政策、さらには融資や借入れや資産価格上昇を以前の水準よりも下げようとするのを基本的な目的とする各種手だてを講じるような政策については、懸念せざるを得ないようにわたしには思えるのです。

だからこの危機からわたしが得た教訓と、もっと包括的な教訓というのは、世界は残念ながらまだ十分に理解していないと言わざるを得ないものですが、危機は最後までどうなるかわからないということであり、いまは明らかにまだ最後ではなく、そして金融パニックの規模に比べてみるだけではそれは判断ができないのだ、ということです。そしてさらに、これからの数年にわたり、名目金利ゼロの状態が、経済活動に対する慢性的で全体に影響を及ぼす阻害要因となり、経済が潜在能力よりも下に抑えられてしまいかねません。そんな経済を、どう扱うべきなのかについて考える必要が出てくるのではないか、ということなのです。ご静聴ありがとうございます。

（スタンリー・フィッシャー記念ＩＭＦ第一四回年次研究会議）

2 遊休労働者＋低金利＝インフラ再建だ！
再建するならいまでしょう！

ローレンス・サマーズ
二〇一四年四月一一日

みなさんは、ニューヨークのジョン・F・ケネディ国際空港を誇りに思うだろうか？　これは最近、わたしがあらゆる講演で聴衆に尋ねることだ。JFK空港はなんと言っても、世界最高の都市を自認するニューヨークへの外国人の到着場所として最大なのだから。

でもだれ一人として、この質問に「イエス」と答えるのを聞いたことがない。ジョー・バイデン副大統領は、今年（二〇一四年）初めの演説でさらに一歩踏み込んで、近くのニューヨーク・ラガーディア空港を「どこぞの第三世界」にいるようだと例えている。

それなのに、アメリカの建設労働者の失業率は二桁台になっている。そして政府は、長期金利三％以下で——しかも自分で刷っている通貨で——お金を借りられる。いまこうした空港を再建しなければ、永遠に再建不能ではないだろうか？

アメリカ経済は、アメリカの人びとが満足できるような成績をあげていない。総収入（GDP）は、金融危機が始まる前の二〇〇七年の時点で予測されていた水準よりも一・五兆ドル――つまり一人あたり五〇〇〇ドル――も低い。不景気のどん底に比べ、アメリカの成人の就労比率はわずかしか増えていないし、働いている人数は二〇〇〇年代半ばの雇用ピークより五〇〇万人以上も少ない。世帯収入の中央値（メジアン）や時給は、一世代以上にもわたりほぼ横ばいだ。

アメリカ政府がこの残念なトレンドをひっくり返すためにできる、唯一最大のステップは、全国の大規模なインフラ更新計画を全面的に実施することだ。空前の低金利と長期的な失業の時期にあって、そうした計画は経済学的にも適切なだけでなく、常識に照らしても筋が通っている。

日常生活で崩壊しつつあるインフラに気づかないアメリカ人などほぼいない。世界にインターネットをもたらし、情報技術で世界をリードする国が、真空管を使った航空管制システムを持ち、フライトを追跡するのに掲示板にポストイットを貼って動かしている。安全面でのリスクはもとより、追加の燃料消費や無用な遅延の費用は何百億ドル単位にものぼる。この古びたシステムの更新を完成させるには、真空管の機械を直せる修理人が死に絶えるのを待たねばならないのだろうか?

わたしはしょっちゅう旅をしている。iPhoneからオフィスに電話をかけるとき、北京やカザフスタンのアルマトイから空港へ向かう間より、ボストンやニューヨークやワシントンの空港に向かう間のほうがはるかによく回線が切れてしまう。こうした問題に直面するのは、絶対にわたしだけではない。アメリカ企業が現金で二兆ドルを持ち、しかもそれがバランスシートに貢献するような稼ぎをまったく行っていない状況なのだから、この頭にくる欠点を改善するための投資を是非ともやるべきだ。

クリントン政権で財務長官だったわたしは、ワシントンの外にある町に行くと必ず公立学校を訪ねた。オークランド高校で教育の重要性を訴えるスピーチをしたときのことは決して忘れられない。若い教師がやってきてこう言う。「サマーズ長官、立派なスピーチでしたし、おっしゃることすべてに同意いたします。ただ一つだけ——どうして生徒たちがあなたのおっしゃることを信じられるでしょうか。教室の壁のペンキははげ、生徒の数があまりに多すぎるので、最初の昼食時間は朝九時四五分からなんですよ。銀行はどこに行ってもペンキがはげたりはしていません。アメリカはそっちのほうが最重要だと思っているのかもしれませんね」。彼女の言うとおりで、いまだにそれが忘れられない。

四〇年にわたる中東への危険なエネルギー依存の後で、この一〇年以内にアメリカが石油天然ガスの一大輸出国になる可能性はある。すでにアメリカはサウジアラビア以上の石油を産出している。そして世界の石油市場でアメリカが究極のバランス役になれば、世界がいまの状態よりも安全で安定したものになるのは確実だ。でもわたしたちが国として、インフラへの過小投資を続け、エネルギー資源の国内輸送の主役がこの先もパイプラインではなく、列車やトラックであり続けるのなら、それは実現しない。

この冬はことさら厳しかったので、まちがいなくあちこちの道路が陥没したはずだ。アメリカ土木学会の推計では、修理の必要な道路を走ることで、マサチューセッツ州のドライバーたちは年平均で三一三ドルの損失を被っている。これはガソリン一ガロンあたり五〇セントに相当する。それなのにガソリン税は二〇年にわたり据え置きで、国全体としてアメリカは交通インフラ維持に必要な投資すら不十分であり、ましてそれを改善などまったくできていない。

例はいくらでもある。でも実例などここでこれ以上あげるまでもなく、インフラ投資を大幅に増やせば、わたしたちみんなの大きな経済的狙いにとって有益だという現実がまちがいなくある。これは経済学が生み出すものとして、無料のランチにもっとも近いものだ。

家計や企業が行う金融的な貯蓄が多すぎて、金融バブルの危険があるほどの低金利なのに投資需要が不十分になるという長期停滞の時代に入ったのではないか、という懸念がますます高まっている。インフラ投資増大で需要を増やすのは、こうした病気に対する処方箋でもあり、また雇用と経済成長を改善する手段にもなる。

なぜか？　インフラ投資は経済の生産能力拡大の見通しを提供する。金利がすでにゼロ近くなので、金融条件をこれ以上緩和して、民間投資を段階的に行ってもあまり大きな収益は得られないだろう。これに対し、アメリカの歴史的経験や、国際的な比較やアメリカの州ごとの比較から得られる証拠を見ると、公共インフラ投資で得られる社会収益はきわめて高い。

わたしたちは相互依存と競争のますます高まる世界に生きている。貯蓄はどの国へも流れる。研究開発の果実は世界に広がる。アメリカを代表するような企業の多くは、アメリカで稼ぐ利潤は半分以下だ。

でも本質的に移動しないものがインフラだ。インフラ強化に投資すると、支出するものはすべて基本的にアメリカにとどまる。いったん設置されたら、インフラの便益はすべてアメリカ人に裨益《ひえき》する。

経済戦略としてインフラ投資はまた、公平性も促進する。過去一世代の構造変化すべてで、もっとも苦しんできたのは限られた教育しか受けていない男性だ。こうした人びとは建設労働者が圧倒的に多い。これはインフラの中核だし、したがって支出増加の最大の受益者になる。さらに公立学校や空港の改善や道路陥没修理で主に利益を得るのは、極度に幸運な少数派ではなく、アメリカ人の多数派たちなのだ。

最後に、インフラ投資は世代間衡平のためにも重要だ。いまの時代では、経済政策の焦点の一つ――いや唯一の焦点とすら言えるかもしれない――が財政赤字や政府債務を減らすことだ。これは重要な懸念ではあるが、あまりに狭い見方がされてきた。

インフラ投資は、新しい歳入源ですぐにまかなわれずに新たに借金をして行った場合でも、長期的な債務GDP比率引き下げに貢献する。それが経済成長を促進し、長期的な生産能力を増やし、将来世代の負担を減らすからだ。お金を借りればそれが負債に計上されるけれど、どこかの時点でやらねばならない維持補修を先送りにしても負債にならないというのは、単なる会計上の慣習でしかなく、経済的な現実ではない。維持補修や必要な投資が先送りになると、その費用は二％以下の連邦借入金利よりずっと急速に積み上がるのだ。

ではこの先どうすべきか？ これは二大政党で意見が分かれる話ではないはずだ。

民主党は、ハイウェイ補修や学校近代化など、すぐに費用回収のできないところにもっと政府支出が必要だと主張している。これはそのとおりだ。また、政府が爪に火をともすような運営しかできないようでは、偉大な国の地位は維持できないというのも正しい。年金などが改革されたとしても、人口の高齢化と、その他経済よりも急増するヘルスケア費用、アメリカの対外債務などで、アメリカが将来的に十分な投資を行うためには歳入増を計る必要があるのだ。

規制の障壁がインフラ投資を抑えているという共和党も正しい。規制による保護は必要だが、もっとわかりやすく、もっとすばやく規制を適用すべきだ。一九〇三年にハーバード大学がソルジャーフィールドフットボール場を建設するのには、たった一八か月しかかからなかった。その計画ができてから最初の試合が行われるまで一八か月以下だ――それも現代の建設機械もなかったのに。いまなら一〇年はかかるだろう。サンフランシスコでは、オークランド・ベイブリッジの修理が最近行われたが、それが実に手間取っていて、一九三〇年代に行われたその橋の新規建設と同じくらいの時間がかかっている。

そしてさらに、だれでも同意するはずの論点もある。政府がもっと効率的に動くべきだということだ。ケンブリッジとボストンを結ぶアンダーソン橋は、もう二年も修理中だ。インセンティブを整えれば、必要な作業は何年もかからず、数週間ですむのではないだろうか。効率性を高めるには、民間参加をさらに増やすのもたしかに重要だ。でもこれは、納税者の利益を慎重に守る形で行われる必要がある。

問題はいろいろあっても、わたしは他のどんな国よりも、アメリカの経済的な手だてに頼りたいと思う。そして戦術面ではもっといろいろ言えることはあっても、基本原則さえ正しくつかめば、国民としてわたしたちは適切な戦術を選ぶだろうと確信している。大陸横断鉄道から州間ハイウェイからインターネットまで、アメリカの経済発展は基本的なインフラ投資に頼ってきた。わたしたちの世代はやるべき任務を果たしていない。いまこそ立ち上がるときだ。

(『ボストン・グローブ』)

3 財政政策と完全雇用

ローレンス・サマーズ
二〇一四年四月二日

ここに来られて光栄です。友人ジャレド・バーンスタインと共にいるのも光栄です。そして予算政策優先事項センターにいるのも光栄なことです。さっきボブ・グリーンスタインにも言ったことですが、事実と思慮深い分析を通じてこれほど多くの成果を挙げてきた組織は他にないと思います。そしてこの貢献がとても大きいので、このセンターのプログラムに参加するのも実に光栄です。

生涯にわたり大学と政府を行き来してきたので、自分の役割が学界と政策の世界の橋渡しだと思っています。そこで本日の狙いは、七年前なら経済学の講義で定説扱いされなかったのに、いまなら定説に入れるべき三つの経済学的なアイデアに光を当てることです。このアイデアは、工業国すべて、特にアメリカが前進するための経済政策にとって、とても重要な含意を持つものなのです。

一つ目はヒステリシス、今日は逆セイの法則と呼ばせてもらうものです。ジャン・バプティスト・セイはシカゴ派経済学者の守護聖人で、供給はそれ自身の需要を創り出すのだと一九世紀に宣言しました。つまり、いわば失業や産出ギャップは起こりえないというわけです。というのも、何かを作ったら、それを作ることでだれかの所得を生み出さねばならず、そしてその所得を得た人びとはその所得を支出するからです。だから、問題なんか起きようがないでしょう、とセイは言いました。

それがまちがっていると示したのは、ケインズの大きな貢献でした。需要がお金や金融資産に向かうこともできる世界では、経済全体の需要が不足することはありえる、というのです。

さて逆セイの法則とは、需要不足は時間が経つと供給不足を創り出す、というものです。図1をご覧ください。あまり劇的な描かれ方ではありません。かなりよく見ないとわかりにくいんですが、実はこれが驚くべき、きわめて困った物語を語っているんです。アメリカはいま、二〇〇七年に予測した経済生産能力よりもざっと一〇％低い水準で動いているんです。その一〇％のうち、半分は経済の潜在力に比べて実際のGDP不足が続いている分で、残り半分は、潜在力自体が低下した分だとみています。これは議会予算局の推計です。IMFでも、FRB

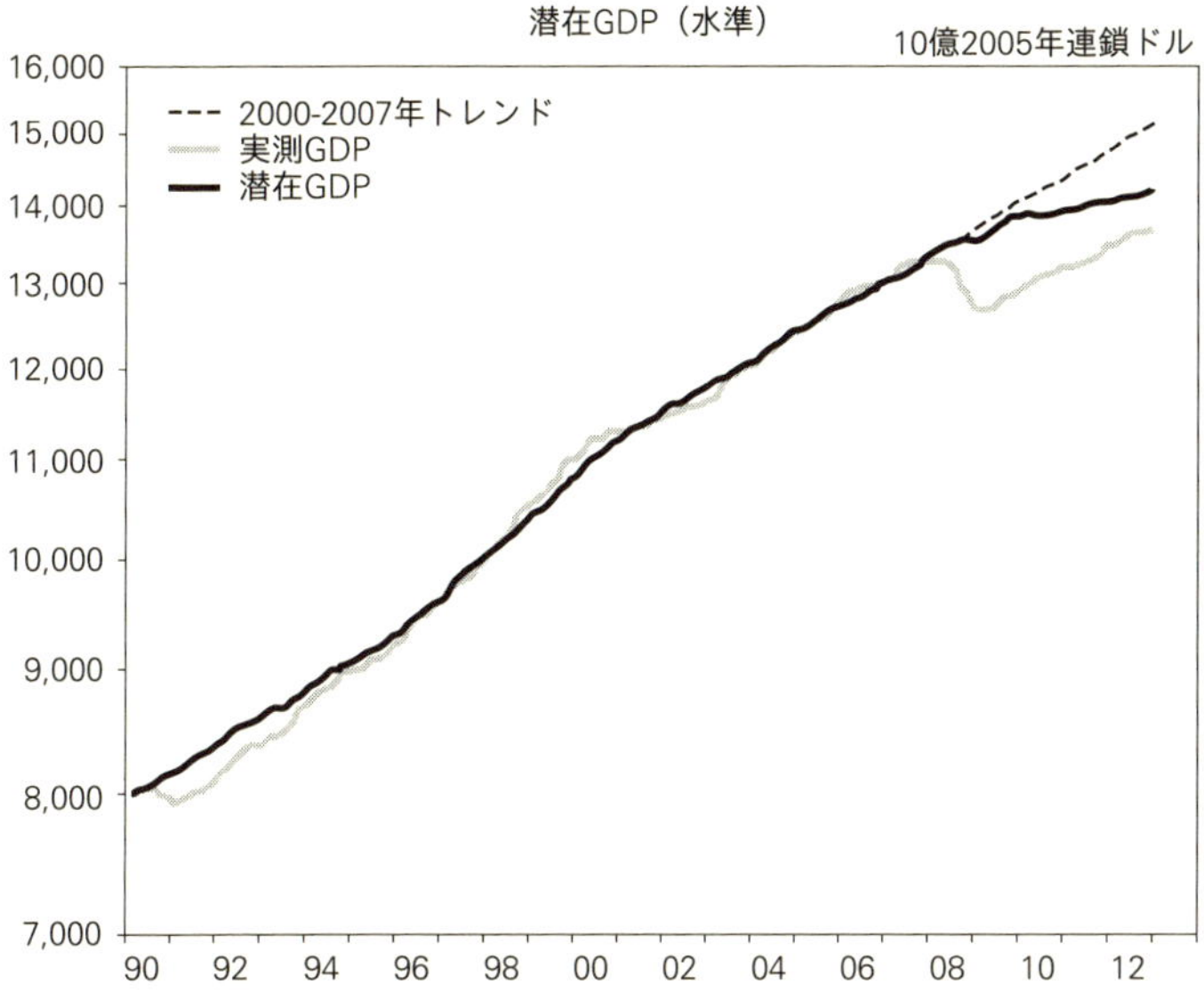

図１　潜在産出のFRB推計（単位：10億2005年連鎖ドル）
出所：Reifschneider et al. 2013

でも、ＯＥＣＤでも、他にほとんどだれに聞いても、似たような数字が出てきます。

注目したいのはいまの後半のほうです。本来なら持っていたはずの生産能力の五％が失われてしまったんです。五％を別の言い方で述べてみましょう。八〇〇〇億ドル。アメリカ人一人あたり二五〇〇ドル以上、四人世帯なら一万ドル以上です。別の形で述べましょう。もっと物理資本や人的資本を構築するために投資をして、この年間所得喪失を埋め合わせたいとしましょう。どのくらいの投資が必要でしょうか？

かなり楽観的な想定をしましょう。そうした投資の収益率が一〇％だとします。投資収益で一〇%を出し続けられる人はいませんが、ここではそれができると仮定しましょう。すると、この不景気の結果として苦しんだ産出喪失を置き換えるためには、八兆ドルの資本が必要です。八兆ドルと言いますとピンときませんが、アメリカのあらゆる企業の株式時価総額の四〇%ほどです。言うまでもなく、八兆ドルは連邦予算の二・五倍で、連邦投資計画として考えられるどんなものに比べても、何倍ものすさまじい規模となります。

三番目の言い方をしましょう。年額八〇〇〇億ドルの損失ということは、今年の連邦財政赤字が二〇〇〇億から二五〇〇億ドル増えたということです。[*1] 一〇年で、この損失は経済に比例して増えるので、三兆ドル以上になります――ボウルズやシンプソンが語っていたよりも、連邦予算への影響という点では大きい。あるいはこの点を別の形で言うなら、議会予算局が推計した財政ギャップを完全になくすためには、今後七五年にわたり経済成長率が〇・二五%高くなり続ける必要があります。

この論点を四番目のやり方で示しましょう。この八〇〇〇億ドルは、公共政策で実施する大半のこととちがい、もっとも裕福なアメリカ人たちばかりに影響するものではありません。いくつもの調査で、ジャレドがさっきのコメントで挙げた点は裏づけられています。もっと強力で活気ある経済は、雇用がいちばん後回しになる人びとへの裨益《ひえき》が圧倒的に大きいのです。恵まれない層の雇用への影響が他よりずっと大きい。恵まれない労働者の賃金への影響がきわめて大きい。恵まれない家族の所得に対する影響が他よりずっと大きいのです。

ですから、循環的なギャップとはまったく別に、軟調な経済は経済の産出と潜在力に対し、将来的に大きな影を投げかけてしまうのです。これは数年前なら理論的な概念でしかなかったかもしれませんが、いまや実証的な事実です。もっとも力のある予測や結果は、仮説ができたあとにやってくる実証的な結果であり、仮説を形成している途中で使う実証的な結果ではありません。これは科学の常です。ヒステリシスのドクトリンは、金融危機などだれも想像しなかったはるか前の時期に提示されたもので、データを適切に読む読者はだれであれ、この金融危機がヒステリシスのドクトリンをだれも予想だにしなかったほど強力に裏づけてくれたのを認めざるを得ないでしょう。資本投資八兆ドルが、これまで苦しんできた需要不足の結果として毎年失われているのです。

わたしの第二の主張は、これほど厳然とは示されていないとはいえ証拠の解釈として同じくらい説得力のあるものだと思います。アメリカ経済は過去のかなりの期間にわたり、他の工業世界の経済と同じように、需要制約に苦しんできており、産出水準と雇用水準が供給よりも需

＊1　アメリカの税収はGDPの二五％前後なので、GDPが八〇〇〇億ドル減れば税収が一年にこのくらい減る。

要に制約されていて、そしてそれが将来かなりの時期にわたっても続く可能性が圧倒的に高いということです。

多くの点で、過去数年間で完全雇用実現に向けての政策の考え方について書かれたもっとも重要な論文は、MITのジョン・ベイツ・クラーク賞受賞経済学者エステル・デュフロらフランス人経済学者たちによるものだと思います。[†1] 著者たちはフランス労働市場の重要な側面を検討し、学校から労働への移行や、労働者の失業から雇用への移行を容易にするプログラムを検討しました——たぶんわたしを含め、この部屋の多くの方は支持するようなプログラムでしょう。

かれらのやったとてもおもしろいことは以下のとおりです。フランスの一部の地区では、二五%の人がこのプログラムに参加しました。一部の地区では五〇%で、一部の地区では七五%です。そして中には、一〇〇%の人がこれに参加した地区もあります。標準的なプログラム評価では文句なしの結果が出ました。すばらしいプログラムでした。比較可能な三種類の地区では、プログラムに参加した人びとは、しなかった人びとよりずっと効果的に雇用に移行できたのです。これは、みんなの期待どおりです——研修プログラムを受けてもらうと、はやく仕事が見つかるわけですね。

でも、これは正しい質問なのでしょうか？　失業者が一万人いて、就職口が一〇〇〇個あり、一〇〇〇人に対策を講じたら、まちがいなくその人たちが真っ先に就職できるでしょう。でもこれをやっても就職口の供給は増えないかもしれない。だからこの研究で重要なのは、二五%の人に研修を行うのに比べ、七五%の人に研修するほうが、全体としての雇用が増えるかどうかを調べたということです。答はノーでした。そしてそのノーには重要なニュアンスがついてきました。労働市場が逼迫して失業率が低いときのほうが、失業率が高いときよりも研修受講者を増やす有効性が高かったということです。これは筋が通っています。

失業者が一二〇〇人いて雇用口が一〇〇〇個あったら、たぶん職にありつく労働者はもっと訓練を積んだ人びととなり、事態が本当によくなると思うでしょう。そして、研究結果もまさにそのとおりでした。だからこの調査が何を実証したのか認識しましょう。需要側に制約があると想定するモデル――注文がこれだけしかないから、これだけの人数しか雇わないと雇用者が考えるように設定されているモデル――は労働市場の実状と一致しているようです。でも労働者の資質を強調する、供給側から見たモデルは一致していないようなのです。

だから、わたしが過去数か月で抱くようになった見方、それもアメリカ経済の現在のしつらえから見てかなり困ったものだと思う見方を示すにあたり、いまの点を念頭においてください。その見方とはわたしが、おそらくはちょっと気取って、新長期停滞仮説と呼ぶものです。それはこういうものです――アメリカ経済は現在の仕組みだと、適切な成長と雇用を金融持続可能性とともに提供するのに、大いに苦労することになる、と。

最近のアメリカ経済史のちょっとしたおさらいにおつきあいください。二〇〇九年に迫っていた恐慌を阻止したのは、すさまじい成果だし、また微力ながらわたしもそこに貢献したのを誇りに思います。その恐慌は二〇〇九年夏までには阻止されました。二〇〇九年末には、クレジットスプレッドは平常化し、TARP資金は返済され、もはや金融崩壊の可能性を心配する必要はなくなっていました。

それ以来、経済は人口増加と生産性上昇にギリギリ追いつけずにいます。成人の就労比率はほとんど増えておらず、適切な人口補正を加えても、当時より雇用面でかなり遅れをとっています。だから金融的な事故が過ぎ去ったのに、成長はまだとても遅い。

さて不景気前の四－五年を考えてください。この時期はある意味で、さらにおもしろく示唆的です。住宅市場でのバブルの親玉による住宅建設、住宅補修、そして人びとが本当のホームエクイティだと思ったものを担保に借りていった消費を支えるために、巨額の支出が行われました。

各種の融資の信用基準が大幅に崩れました。これは条件の甘い住宅ローン、プライベートエクイティ会社、自動車ローン融資、途上国向けエマージング市場融資もすべてです。多くの人が信じるように――そしてテイラールール[*2]のあるバージョンが示すように――こうしたバブルに際して驚異的なほど緩い金融政策が採られていました。そして経済回復とブッシュ減税の後で、財政赤字が不安なほど増えていました。

こうした四つの点からして、アメリカ経済はすさまじく加熱していたと想像するかもしれません。生産能力の上限に達し、それを超えていたと期待するかもしれません。信用バブルの親玉に、金融リスク基準の不在に、拡張的な財政政策と金融政策があれば、インフレが加速すると思うかもしれません。でも、大はずれでした。この時期の成長は適切でしたが、加熱した経済を示すようなものではなかった。それ以前には、二〇〇一年の不景気と、職なき回復がありましたし、その前にはインターネットと株式市場バブルがありました。

だからわたしとしては、証拠から十分に読みとれることとして、かなりの失業を持つ経済において雇用水準を決める支配的な要因は、需要水準だと主張したい。そしてさらに、アメリカが金融的に持続可能な条件とあわせて適切な需要を創り出す能力について、懸念を抱くべき理由があると示唆したい。これを赤裸々に描くなら、わたしたちは一五年かけてこれができていませんし、日本は一世代かけてもこれができていないし、今世紀最初の一〇年の経験をどう解釈するかにもよりますが、ヨーロッパでもずいぶん前から需要は伸びていません。

＊2　中央銀行の金利設定に関する標準的なモデル。

そこでわたしが提示する二つ目の結論は、工業国経済の雇用推移を理解するにあたり、中心となるのは需要制約であって、それはいまに限った話ではなくさまざまな時点でそうだったということです。

過去数年の経済学研究から得られる三つ目の結論として強調したいのは、金利のゼロ下限制約やそれに近いもののおかげで、財政と金融政策に関する伝統的な見方には、大幅な変更が必要だということです。わたしは一九九三年にクリントン大統領が実施したプログラムを強く支持しました。それが当時の経済条件に対する適切な対応だと思ったからです。金利が比較的高く、資本コストが比較的高く、投資はどうも資本コストに制約されているようでした。だから財政赤字を減らすことで、ある種の需要を別の種類の需要で代替し、金利を引き下げ、資本コストを引き下げ、投資の呼び水にするというわけです。そして、一九九〇年代の証拠を見ると、それが相当程度まで実現したし、投資の呼び水効果のおかげで、一九九〇年代の生産性ルネッサンスが生じ経済成長増大と財政赤字削減、低金利という美しいサイクルにつながったのだという解釈が十分成り立つと思います。

この主張を疑問視する人もいます。そうした主張にも一理あるのかもしれませんが、わたしとしてはそれが現在の政策問題とは関係ないと申し上げましょう。需要不足に緩い金融政策で対応できるという自信たっぷりの想定は、フェデラルファンド金利を下げる余地がないとまちがいなく困ったことになります。五年間にわたるすさまじい金融政策があっても、まだ需要が不足しているんです。そして金利ゼロ近くの時期が続くと資産価格が上昇し、金持ちばかりが恩恵を受けて、金融安定性の問題が出てくるとなると、なおさら問題です。

わたしの判断では、経済的な需要不足と、それがもたらす逆セイの法則の世界における含意を我慢するよりも、金融政策のほうが道具立てとしては望ましい。でもそれは、いちばんよい道具からはほど遠い。通常時には、財政政策は安定化や需要創出以外の理由で決めるほうがいいでしょう。財政政策の変化はおおむね金融政策で相殺できるからです。でも金融政策が需要不足で制約されているときは、話がちがってくるとわたしは考えます。財政政策の議論で通常出てくるクラウディングアウト[*3]は、金利が上がらなければ起こりません。実際、財政政策が需要を増やし、それがインフレ上昇につながれば、実質金利の低下が起こり、民間投資はクラウディングアウトされるどころか、むしろ呼び込まれることになります。他の仕組みもあります。所得増の期待が、支出増加をもたらすのです。

元FRBのデヴィッド・ライフシュナイダーに手伝ってもらい、とてもストレートな実験を

＊3　公共事業を増やすと、その分だけ金利が上がったり人手が奪われたりして民間の投資が減ってしまうこと。

してみました。ここではFRBの標準マクロモデルを使いました――わたしたちが作ったモデルではありませんが、長年にわたりFRBの馬車馬となってきたモデルです。そして、二〇〇九年から五年にわたり、政府支出が毎年GDPの一%相当額だけ増えていったらどうなったかを検討しました――その際に、労働市場ヒステリシス効果も考慮したものと、それを除外したものを見ています。その効果の推計はわたしがやったのではなく、FRBの経済学者たちがやりました。つまりこれは、純粋な財政拡大です。

その結果はいろいろな見方ができます。予想どおり、実質GDPは上がります。予想どおり、それが潜在GDP上昇をもたらします。それも、ヒステリシスがない場合よりある場合のほうがずっと上昇が大きい。でも特に注目したいのがDのグラフです。二〇〇九年から政府支出を五年にわたり増やし、そこで止めると、二〇三〇年の債務GDP比率は上がるところか、かえって下がるのです。言い換えると、財政緊縮のメリットと喧伝されている財政健全化は、むしろ正反対の財政拡大政策により実現されるのです。繰り返しますが、これはどこかの教授によるなにやら理論的な計算ではありません。これはFRBのモデルを走らせた結果なんです。

拡張的な財政政策について言えることは、需要増大につながるすべての施策について当てはまります。アメリカの貿易ポジションを、純輸出増大へと動かすのに効果のある政策でもいいし、投資のハードルをうまく下げる規制政策でもいいし、受益者の支出増加につながる社会保

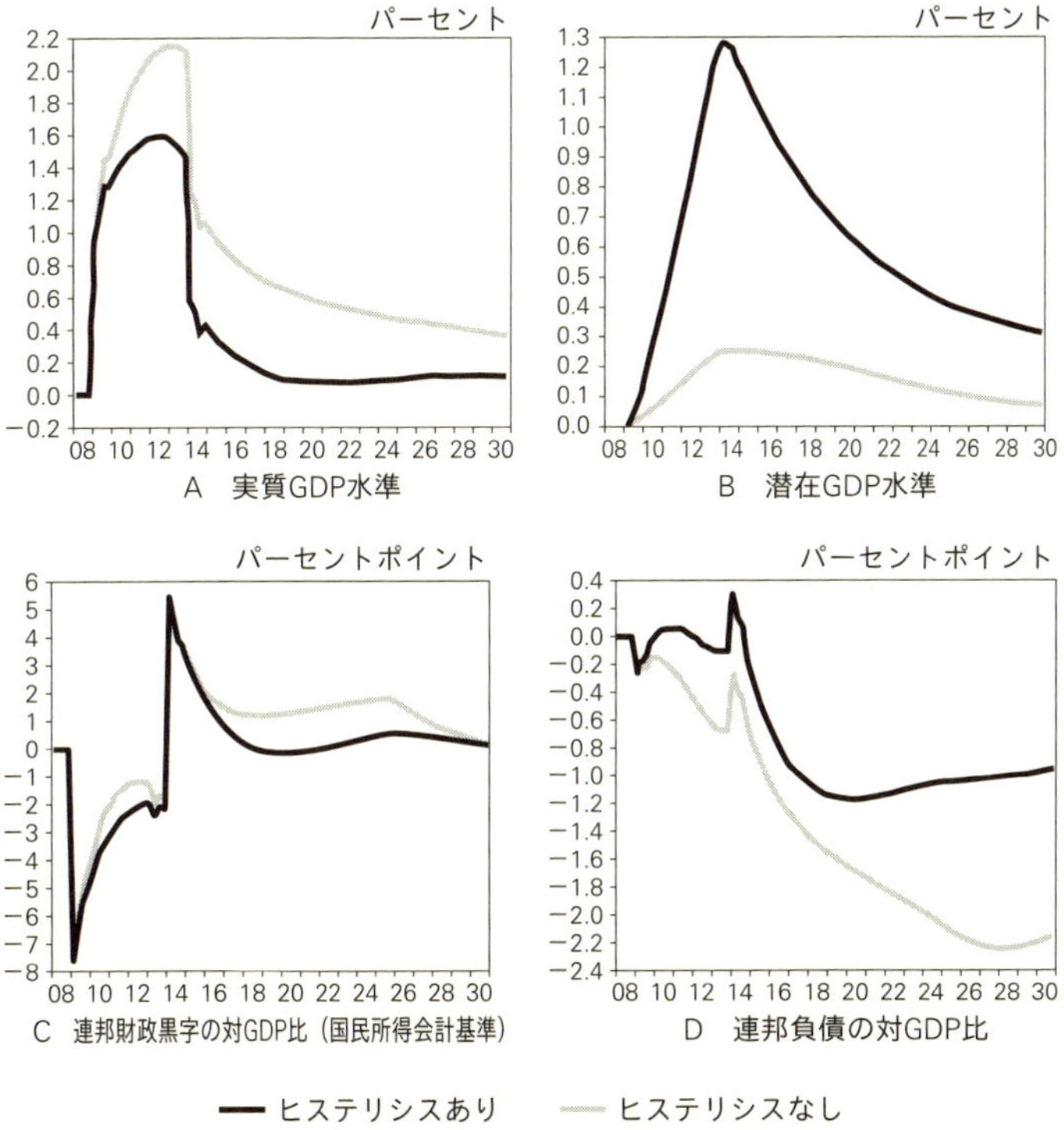

図　連邦政府調達を5年にわたりGDP 1%分増やしたときの影響（労働市場ヒステリシスがある場合／ない場合）
出所：Reifschneider and Summers (forthcoming)

障政策でもかまわない。この分析によればどれも効果があります。

最後に一言。八〇〇〇億ドルというアメリカ議会予算局の数字や、それを置き換えるのに必要な八兆ドル資本という数字が多少なりとも当たっているなら、マクロ経済運営は、雇用に関連した他のどんな経済課題よりもはるかに大きな影響を持つことになります。今後五年のわたしたちのマクロ経済政策議論が、アメリカ経済の急速かつ適切な成長を回復するのに必要なだけの需要を生み出すという、きわめて重要な優先事項を圧倒的に強調するものへとシフトしてくれることを祈ろうではありませんか。ありがとうございます。

（Center on Budget and Policy Priorities での講演）

原注

†1 Crépon, B., Duflo, E., Gurgand, M., Rathelot, R., & Zamora, P. (2013). "Do labor market policies have displacement effects? Evidence from a clustered randomized experiment." *The Quarterly Journal of Economics*, 128(2), 531–580.

4 なぜ金利はこんなに低いのか

ベン・バーナンキ
二〇一五年三月三〇日

最近の金利は世界的に、長期も短期も異例なほど低い。アメリカ政府は一〇年の借入を一・九%ほどでできるし、三〇年でも二・五%ほどだ。他の先進国での金利はもっと低い。たとえばドイツでは、一〇年物国債の利回りは〇・二%ほど。日本では〇・三%、イギリスでは一・六%だ。スイスでは、一〇年物国債の利回りは現在少しマイナスだ。つまり貸し手のほうが、スイス政府にお金を借りてもらうために支払いをしなければならないということだ！　企業や家計が支払う金利はこれよりは高い。これは主に信用リスクのせいだが、それでも歴史的に見ればとても低い。

低金利は一時的な異常現象ではなく、長期トレンドの一部だ。次のグラフでわかるように、

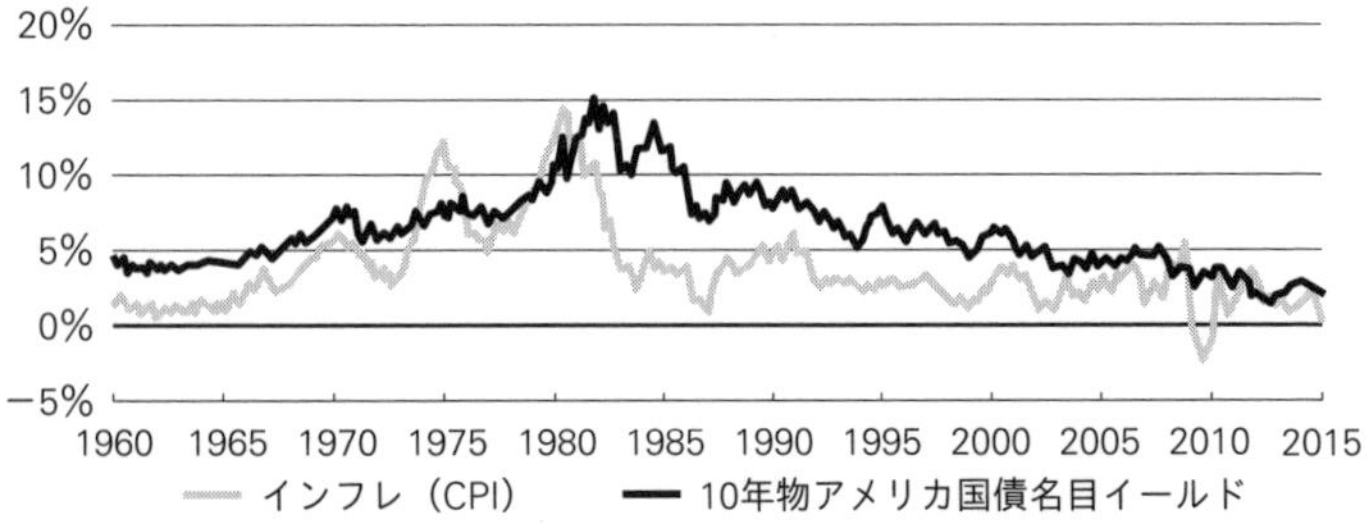

図　金利とインフレ　出所：Federal Reserve Board, BLS

アメリカの一〇年物国債利回りは一九六〇年代には比較的低く、一九八一年に一五%というピークに達し、その後下がり続けている。このパターンの一部はインフレ率の上昇と下降で説明がつく。他の条件が同じなら、投資家はインフレが高ければ、支払いを受ける予定のドルの購買力低下を補うため、高い利回りを要求する。でもインフレ連動債の利回りも、現在はとても低い。アメリカ政府に対する五年融資の実質またはインフレ調整済み収益率は、現在ではマイナス〇・一%ほどだ。

なぜ金利はこんなに低いのだろうか？　このまま低い状態が続くのだろうか？　低金利は経済にとってどういう意味を持つのだろうか？

「なぜ金利がこんなに低いんですか？」と普通の人に尋ねたら、その人はおそらくFRBがそれを低く抑えているからだと答えるはずだ。これはまちがってはいないが、とても狭い意味でしか成り立たない。FRBはもちろん、名目短期金利についてのベンチマークを定める。またFRBの政策はインフレや長期のインフレ期待の主な決定要因だし、インフレ動向が金利に影響するのは先のグラフでもわかる。だが経済にとって何より重要なのは、実質金利またはインフレ調整済みの金利（つまり市場金利または名目金利からインフレ率を引いたもの）だ。たとえば実質金利は、資本投資の判断に大きく影響する。FRBが実質収益率、特に長期の実質利率に影響を与える能力は、一時的だし限られたものだ。短期を除けば、実質金利は各種の経済要因、たとえば経済成長見通しで決まる。FRBが決めるのではない。

この理由を理解するには、均衡実質金利という概念を導入すると役に立つ（これはときにヴィクセル金利とも呼ばれる。一九世紀末から二〇世紀初頭のスウェーデンの経済学者クヌート・ヴィクセルにちなんだものだ）。均衡金利は、労働や資本リソースの完全雇用に対応した実質金利となる（調整のための時間を少しおいた後の金利になるだろう）。均衡金利には多くの要因が影響するし、この金利自体も一定ではなく次第に変わる。急成長するダイナミックな経済なら、資本投資に対する見込み収益率の高さを反映して、他の条件が同じなら均衡金利は高くなる。低成長経済や不景気経済なら、均衡実質金利はおそらく低くなる。投資機会が限られるし、相対的に儲からないものになるからだ。政府支出や税制もまた均衡実質金利に影響する。巨額の財政赤字は均衡実質金利を高める傾向にある（ここでも他の条件が同じだとする）。政府の借入は、貯蓄を民間投資から政府に移してしまうからだ。

もしFRBが資本と労働や資本リソースの完全雇用を実現したいなら（もちろんしたいと思っている）、その仕事は市場金利に対する影響力を使って、こうした利率を均衡金利、または――もっと現実的には――直接観察はできない均衡金利の最高の推計と、整合したものへと動かすというものになる。もしFRBが市場金利を一貫して均衡金利より高すぎるものにしておこうとしたら、経済は停滞する（不景気に陥ることもあるだろう）。資本投資（および耐久消費財など、各種の耐用年数の長い製品の買い物）は、FRBの設定した借入コストが、そうした投資に対する潜在収益率よりも高ければ魅力的でなくなるからだ。同じように、FRBが市場金利を下げすぎて、均衡金利と整合した水準よりも低く保てば、経済はいずれオーバーヒートして、インフレにつながる――これまた持続不可能で望ましくない状態だ。結局のところ、貯蓄者と投資家が実現できる実質収益率を最終的に決めるのは、経済の状態でありFRBではないということだ。FRBは市場金利を左右するけれど、それも無制限には変えられない。健全な経済を実現したいなら、FRBは市場金利を、根底にある均衡金利と整合した水準に持っていこうとしなければならない。

これはずいぶん教科書チックに聞こえるだろう。でもこの点を理解し損ねているおかげで、FRBの政策について混乱した批判がいろいろ生じている。わたしが議長だった頃、議員が一人ならずわたしや同僚たちを、FRBの政策立案を行う連邦公開市場委員会での決定について、低金利を維持することで「高齢者をバスの下に投げ込む」（これはある上院議員が使った表現そのままだ）と糾弾した。こうした議員たちは、貯蓄で暮らす引退者たちが、貯蓄からきわめて低い収益しか得られないことについて心配していたわけだ。

わたしもそうした高齢者を心配はしていた。でも引退者たちが、持続的に高い実質収益を享受したいなら、FRBが金利を拙速に引き上げるのはまさにまちがったこととなる。過去数年の弱い（が回復基調の）経済では、均衡実質金利が異様に低いことはあらゆる指標から明らかだった。おそらくマイナスの利率だっただろう。FRBが拙速な金利引き上げを演出していたら、ごく短期のうちに経済の停滞をもたらし、結果として資本投資の収益率も下がったはずだ。そしてその減速する経済のせいで、FRBは方針を変えて市場金利をまた引き下げざるを得なくなったはずだ。これはまるで仮想的なシナリオなんかではない。近年では、いくつかの大国の中央銀行が拙速に金利を引き上げたのに、経済が悪化したせいで後戻りして、金利引き上げを取り消す羽目になっている。最終的に、貯蓄者が実現できる収益率を改善するいちばんよい方法は、FRBが実際にやったとおりのことをやることだ。金利を低く保ち（低い均衡金利に近づけておく）、経済が回復して、健全な投資収益をもたらせる状態になるべくはやくたどりつけるようにすることだ。

同じく混乱した批判として、FRBが金利を「不自然に低く」保つことで金融市場や投資判断をなにやらゆがめている、という話もよく聞く。なんでも、ＦＲＢがなにやらまったく手出しをせずに、金利を「市場」が決めるに任せればいいというのだ。でもそんなことは絶対に無理だ。ＦＲＢの行動は貨幣供給《マネーサプライ》を決め、したがって短期金利を決めてしまう。だからＦＲＢは短期金利をどこかに決めざるを得ない。それをどこにすべきか？　私見では、ＦＲＢとしての最高の戦略は、中期的に見た経済の健全な活動と整合した水準に金利を設定することだ。それはつまり、（今日ではとても低い）均衡金利だ。ここにはまったく不自然なことなんか何もない！もちろん、均衡金利がある時点でどの水準なのか議論するのは適切なことだし、これはＦＲＢの政策担当者たちが会合ごとにやっている論争でもある。でもこの批判はそういう水準の話ではないようだ。

　実質金利の持続可能な水準を最終的に決めるのは、経済の状態であってＦＲＢではない。これでなぜ実質金利が、アメリカに限らず工業国すべてで低いのか説明がつく。今日の低い実質金利の究極の原因となっているのは、経済風景のどんな特徴だろうか？　これについては後の投稿で取り組もう。

（バーナンキのブログ）

5　なぜ金利はこんなに低いのか
第二部：長期停滞論

ベン・バーナンキ
二〇一五年三月三一日

経済政策のもっとも重要な狙い三つは以下のとおり。

◆完全雇用実現
◆インフレを低く安定させておく
◆金融安定性を維持する

ラリー・サマーズの長期停滞仮説は、この三つの目標を同時に達成するのはとても難しいかもしれないと主張している（サマーズによるこの主張と、[†1] この問題をめぐる有力な経済学者による小論集を[†2]

参照）。

「長期停滞」という用語は、一九三八年アメリカ経済学会の会長演説「経済の発展と人口増加の鈍化」で、アルヴィン・ハンセンが提唱したものだ。大恐慌の後半の時期に執筆していたハンセンは、人口増加の明らかな鈍化と技術進歩の低下のせいで、企業は新しい資本財にあまり投資したがらなくなるだろうと論じた。だから低調な投資支出と、家計による消費低迷により、長年にわたって完全雇用の実現が阻害されるはずだとかれは結論している。

もちろんハンセンの主張はおおまちがいで、戦後の経済ブーム（高い人口増加――ベビーブーム――も急激な技術進歩も）を予測し損ねた。だがサマーズは、ハンセンの予想はまちがっていたわけではなく、早すぎただけだと考える。多くの理由――現在の人口増加の鈍化、先端産業での資本集約度の低下（フェイスブックと製鉄業を比べてみよう）、資本財の相対価格の低下――から、サマーズは新資本財への投資低迷や、慢性的に完全雇用を実現できない経済というハンセンの予想が現在起こりつつあると見ている。今日の資本収益率がとても低いなら、完全雇用実現に必要な実質金利（均衡実質金利）もまたとても低く、ヘタをするとマイナスになる。最近の低い経済成長、低インフレ、低実質金利（次図参照）はたしかに長期停滞仮説を思わせるし、またそれとの整合性もある。

ちなみに、長期停滞の話は総需要が不十分という話であって、総供給の話ではないことに注

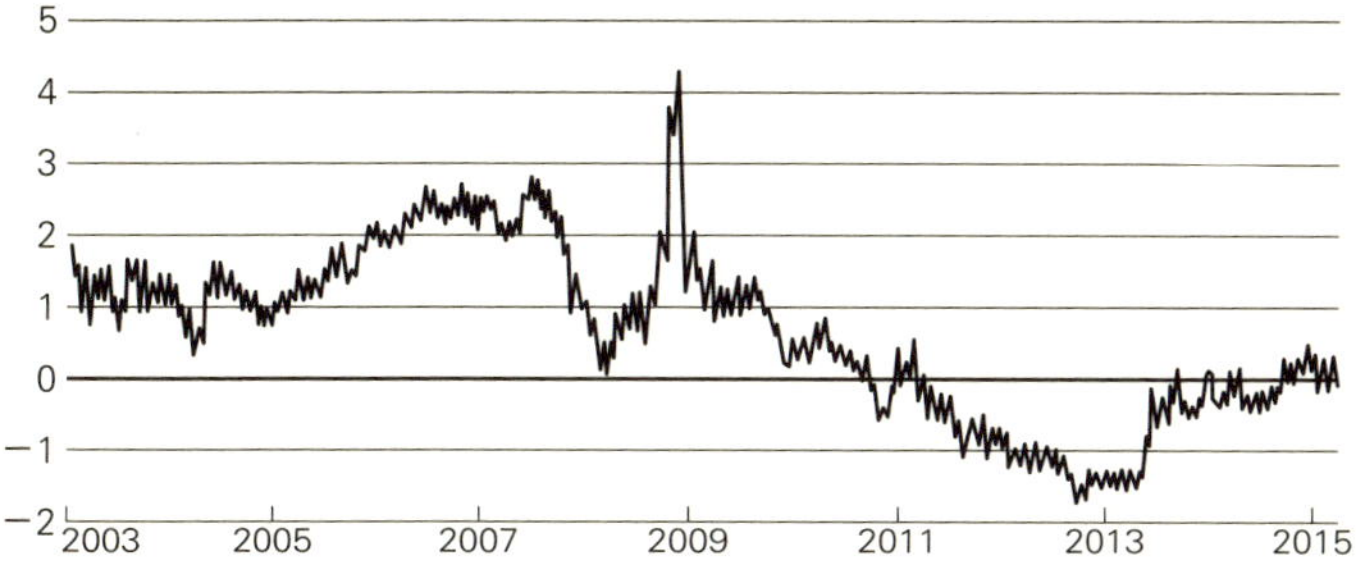

━━ 5年物インフレ連動国債，コンスタント・マチュリティ

図　実質金利（5年物） 出所：Federal Reserve Board

意しよう。経済の潜在産出が増えているときであっても、投資停滞と消費支出停滞で、経済の潜在力が達成されないのだとハンセン＝サマーズ仮説は述べている。ただし、（二〇〇〇年代の住宅バブルのような）金融バブルが消費を追加で押し上げれば別かもしれないが。でもサマーズは、長期停滞がいずれは総供給も減らすと主張する。経済の生産能力は、資本形成の遅さと長期失業による労働者の技能喪失で制約されてしまうからだ。

ＦＲＢは、市場（名目）金利をゼロ以下には下げられないので、結果として――いまの二％のインフレ目標が維持されるとして――実質金利（市場金利からインフレ率を引いたもの）をマイナス二％以下にはできない（ここでは、量的緩和や少しマイナスの公式金利でＦＲＢが実質金利を二％より少し下にできる可能性については無視しよう）。長期停滞のおかげで、経済の均衡実質金利がマイナス二％以下で、それが当分続きそうだとしよう。すると、ＦＲＢだけで完全雇用を実現する手段は、次の二つしかありえない。⑴インフレ目標を引き上げて、実質金利をもっとマイナスにできるようにする。⑵消費者と企業の支出を増やす手段として金融バブル再来を容認する。この意味で、冒頭でわたしが述べた三つの経済目標——完全雇用、低インフレ、金融安定——は長期停滞に見舞われた経済では同時に達成しにくくなってしまうわけだ。

　このジレンマに対してサマーズが提案する解決策は、財政政策に目を向けることだ——具体的には、公共インフラ支出に頼って完全雇用を実現するということだ。今日の経済で、インフラ投資を増やすのがよいことだという説には同意する。でも本当にしつこい停滞レジームにいるのであれば、財政支出を増やすのも、長期的な対応として完全に満足のいくものではないかもしれない。というのも政府債務はすでに歴史的にみてとても大きいし、公共投資もまたいずれは収穫逓減[*1]に直面するからだ。

　アメリカ経済は長期停滞に直面しているのだろうか？　わたしは懐疑的だ。そしてその疑念の元は、アメリカ経済が今日、完全雇用に着実に向かっているようだというところからきている。まず、サマーズが初めて長期停滞論を持ち出したＩＭＦパネル[†3]の参加者として指摘したように、実質金利が一貫してマイナス二％という低さなら、利益の出る投資プロジェクトがいつまでも枯渇しているというのは想像しにくい。サマーズの叔父さんであるポール・サミュエルソンがマサチューセッツ工科大学大学院で教えてくれたように、実質金利がいつまでもマイナスにとどまると予想されるなら、ほぼどんな投資でも儲かってしまう。たとえば、マイナス金利（あるいはゼロ金利でもいい）なら、列車や車両が急な坂を上るのに費やすわずかな燃料費を節約するためにロッキー山脈をつぶしても採算がとれてしまう。だから、経済の均衡実質金利が本当に長期にわたりマイナスであり続けられるのかは疑問だ（この点についてはいくつか反論もあるのは認めよう。たとえば、安全資産の実質収益率がマイナスであっても、信用リスクや不確実性のため、企業や家計はプラスの金利を支払わねばならないかもしれない。またエガートソンとメーロトラ（Eggertsson and Mehrotra, 2014）[†4]は、信用制約が持続的にマイナスの収益率をもたらしかねないモデルを示している。こうした反論が定量的にありえるものなのかは、要検討だ）。

第二に、長期停滞論についてはジム・ハミルトン、イーサン・ハリス、ジャン・ハッツィウス、ケネス・ウェストから最近批判が出ていて、[†5]わたしはそれにおおむね賛成だ。特に、過去数十年で金融バブルなしの完全雇用は一度もなかったというサマーズの主張にかれらは反論する。ハイテク株のバブルは一九九〇年代ブームのかなり後になってやってきたものだと指摘し、二〇〇〇年代に住宅バブルが消費者需要に与えたよい影響も、他の特殊要因でおおむね相殺されてしまったという推計を示している。そうした特殊要因には、世界原油価格高騰の悪影響や、

＊1　増やすにつれて効果が薄れること。

アメリカのＧＤＰ六％に相当する貿易赤字で生じた需要枯渇などがある。かれらによれば、最近の低成長は長期停滞よりはむしろ、一時的な「逆風」によるもので、それもすでに衰えつつあるという。ＦＲＢ議長としての任期中に、わたしは金融危機の後遺症から生じる経済的な逆風が信用状況に与える影響をしばしば指摘した。住宅需要の回復の遅さ、連邦と州や地方自治体レベルでの制約的な財政政策などだ（たとえばわたしの二〇一二年八月[†6]と一一月[†7]の演説を見てほしい）。

　でもサマーズの図式でわたしがいちばん疑問に思うのは、国際的な面についての考察がないことだ。サマーズは、国内資本投資と家計支出に影響する要因にだけ注目している。他の条件が同じなら、世界の他の場所に儲かる資本投資があれば、自国での長期停滞を打倒する役に立つ。それが機能する道筋としては、ドルの為替レートがある。アメリカの家計と企業が外国に投資したら、金融資本の外国流出によりドルが弱くなり、これがアメリカの輸出を促進する（外国投資と輸出のつながりを直感的に理解するには、外国投資のやり方として、国内で作った工場をばらばらにして少しずつ輸出し、それを外国で組み立て直す場合を考えてほしい。この単純な例だと、外国投資と輸出は等価になり、同時に行われる）。輸出が増えれば自国での生産と雇用が増え、経済は完全雇用に到達しやすくなる。要するに、開放経済で長期停滞が起きるには、資本投資があらゆる場所で永続的に低いことが必要となる。もちろん、他の条件が同じということはそもそもありえない。たとえば金融資本は、国内よりは国境を越えて移動するのが難しい。それでもこの線で考えてみると、長期停滞仮説に対するおもしろい代替案が生じてくる。これについては次の投稿で論じよう。

（バーナンキのブログ）

リンク

†1 Summers, Lawrence H., "U. S. Economic Prospects: Secular Stagnation, Hysteresis, and the Zero Lower Bound," *Business Economics*, Vol 49, No. 2 (2014), 65-73. 〈http://larrysummers.com/wp-content/uploads/2014/06/NABE-speech-Lawrence-H.-Summers1.pdf〉

†2 Teulings, Coen and Richard Baldwin, eds., Secular Stagnation: Facts, Causes and Cures (VOX e-book), Centre for Economic Policy Research (CEPR), 2014. 〈https://voxeu.org/content/secular-stagnation-facts-causes-and-cures〉

†3 "Larry Summers at IMF Economic Forum, Nov. 8." 〈https://www.youtube.com/watch?v=KYpVzBbQIX0〉〔ただしバーナンキのコメントは登場しない〕

†4 Eggertsson, Gauti B. and Neil R. Mehrotra, "A Model of Secular Stagnation," 2014, NBER Working Paper 20574. 〈https://www.nber.org/papers/w20574.pdf〉

†5 Hamilton, James D., Ethan S. Harris, Jan Hatzius, Kenneth D. West, "The Equilibrium Real Funds Rate: Past, Present and Future," 2015. 〈http://econweb.ucsd.edu/~jhamilto/USMPF_2015.pdf〉

†6 Bernanke, Ben, "Monetary Policy since the Onset of the Crisis," August 31, 2012. 〈https://www.federalreserve.gov/newsevents/speech/bernanke20120831a.htm〉

†7 Bernanke, Ben, "The Economic Recovery and Economic Policy," November 20, 2012. 〈https://www.federalreserve.gov/newsevents/speech/bernanke20121120a.htm〉

6　なぜ金利はこんなに低いのか
第三部：世界的な貯蓄過剰

ベン・バーナンキ
二〇一五年四月一日

前の投稿[†1]では、ラリー・サマーズの長期停滞仮説[†2]を検討した。これは、金融政策では完全雇用を実現するのに十分なほど金利を引き下げられない状態が慢性的に続くという発想だ。この見方だと、完全雇用に近づく唯一の確実な方法は、財政出動だ。

長期停滞仮説の欠点は、それが国内資本形成と国内家計支出に影響する要因だけに注目しているということだ。でもアメリカの家計も企業も外国に投資できる。そこでは長期停滞論者の指摘する多くの要因（たとえば人口増加の鈍化）の影響も小さいだろう。現在、多くの主要経済が循環的に弱い立場にいるので、アメリカの家計や企業の外国投資機会は限られている。でも世界全体が長期停滞に捕らわれているのでない限り、どこかの時点で外国に魅力的な投資機会が復活するはずだ。

もしそうなら、アメリカだけで長期停滞傾向が出たとしても、それは外国投資と貿易で緩和または削減される。儲かる外国投資は自国での資本収入(ひいては支出)を生み出す。そしてそれにともなう資本流出でドルも弱まり、貿易が促進される。少なくとも原理的には、外国投資と強い輸出によって自国の弱い需要は補えるはずだ。もちろん、儲かる外国投資の実施を邪魔するような、国際資本流や財の流れに対する障壁はある。でもそれなら、そうした障壁の軽減や撤廃も、アメリカの長期停滞に対する有効な処方箋になるはずだ。

何年か前に、貯蓄と投資の世界的なフローが持つマクロ経済的な意味あいについて「世界貯蓄過剰」という用語で語ったことがある。[†3] わたしの結論は、望む貯蓄が望む投資を世界的に上回る現象こそが世界的低金利の大きな理由だというものだった。[†4] 貯蓄過剰の相当部分は中国をはじめアジア新興市場経済や、サウジアラビアのような産油国からきている。世界的な貯蓄がアメリカに流入していたと考えれば、FRBが短期金利を引き上げていたのに、長期金利が低水準のままだったという二〇〇〇年代の「難問」(これはアラン・グリーンスパンの表現だ[†5])にもある程度の説明がつく。強い資本流入はまた、ドルの価値を押し上げ、当時のアメリカのきわめて大きな貿易赤字(二〇〇六年にはGDPの六%近く)に貢献した。国内需要の六%が輸入品に向けられたというのは、二〇〇〇年代初頭に住宅バブルがふくらみつつあったにもかかわらずアメリカ経済が過熱しなかったという、長期停滞についての別の説明が出てくる（定量分析についてはハミルトンら（Hamilton, Harris, Hatzius, and West, 2015）[†6]を参照）。

世界貯蓄過剰と、長期停滞の発想には似たところもある。どちらも「通常」の金利の下だと、望んだ資本投資よりも望んだ貯蓄のほうが多くなると述べる。だから市場金利には大きな下方圧力がかかっているということだ。どちらもアメリカの経済成長低下を説明できる。長期停滞は、国内投資と消費の減少を通じてそれが起こる。世界貯蓄過剰は、輸出の弱さと貿易赤字拡大でそれが起こる。でも重要なちがいもある。すでに述べたとおり、貯蓄過剰は世界的な視点に基づくのに、長期停滞アプローチは通常は、個別の国や地域に適用される。二つ目のちがいは、停滞は資本投資の弱さを人口成長の鈍化や多くの新産業での資本ニーズ低下、資本の相対価格の低下などといった実体経済の要因のせいにしがちだ。これに対し、いくつかの例外を除けば貯蓄過剰仮説は、望む貯蓄が望む投資よりも多いのを、政府の政策決定のせいだとする。たとえば一九九〇年代末の金融危機で、アジア新興市場経済の各国がいっせいに借入を減らして国際準備を増やそうとするなどだ。

この二つ目のちがいは重要だと思う。というのも、どちらの仮説を受け入れるかでかなりちがった政策対応が出てくるからだ。サマーズが提案したように、もし長期停滞が低成長と低金利の理由であるなら、拡張的な財政政策は有益だろう。そして長期的には政府は資本投資の収益率改善の手だてを講じることもできる。たとえば税制上の扱いを有利にしてあげたり、研究開発を支援したりといったことだ。逆にもし世界貯蓄過剰が原因なら、正しい対応は貯蓄過剰を生み出す各種の政策を逆転させることだ——たとえば国際資本フローを解放するようにしたり、貿易を有利にするための為替市場介入を減らしたりといったことだ。

世界貯蓄過剰がまだ存在するか見きわめるため、次頁の表ではわたしの二〇〇五年と二〇〇七年スピーチのデータを更新してみた。そこに示したのは国民経常収支の黒字／赤字額だ。危機前後の二年ずつ、計四年分のデータがあり、直近のものは二〇一三年のデータだ（二〇一四年のデータはまだ出そろっていない）。ほとんどの数字は国際通貨基金（ＩＭＦ）からのもので、単位は一〇億ドルだ。経常収支をドルで示すことで、国際的な比較が容易になるが、それがインフレや、各経済や地域の成長について補正していないことは念頭においてほしい。

国の経常黒字というのは、ざっと言えば外国に送り出している金融資本の純額だ。これはまた、国の国民貯蓄から自国投資分を引いたものにも等しい。経常黒字の国は、国内で投資する分以上に貯蓄していて、その余った貯蓄を外国資産の購入に使っている。経常赤字の国は、国際資本市場で純借入国となる。

この表を見ると、経常収支の推移に関する基本的なポイントのいくつかが確認できる。

まず、アメリカの経常赤字は二〇〇六年から二〇一三年にかけてドル建てでざっと半減し、

表　経常収支（10億ドル）
出所：IMF, World Economic Outlook

国／地域	2000	2006	2010	2013
先進国経済	**−269.1**	**−485.1**	**−38.8**	**157.1**
アメリカ	−410.8	−806.7	−443.9	−400.3
日本	130.7	174.5	217.6	33.6
ユーロ圏（EA16カ国合計）	−36.4	44.4	59.4	356.0
フランス	19.3	−13.0	−33.8	−36.9
ドイツ	−34.2	173.4	194.6	254.9
欧州周縁国すべて（GIIPS）	−47.8	−197.8	−186.0	44.2
イタリア	−2.2	−27.5	−70.3	20.5
スペイン	−23.1	−110.9	−62.3	10.6
その他先進国経済（アジア以外）	47.4	102.7	128.0	167.7
オーストラリア	−15.6	−45.3	−44.6	−49.9
スイス	31.4	57.6	78.7	103.9
イギリス	−42.9	−70.7	−61.9	−113.8
カナダ	18.6	17.9	−56.7	−58.5
参考：				
アメリカを除く先進国	141.7	321.6	405.1	557.3
新興市場	**134.9**	**730.1**	**467.2**	**429.7**
アジア	79.8	364.0	377.9	336.9
中国	20.4	231.8	237.8	182.8
タイ	9.3	2.3	10.0	−2.5
香港	7.5	24.6	16.0	5.1
韓国	10.4	3.6	28.9	79.9
台湾	8.9	26.3	39.9	57.3
シンガポール	10.2	36.9	55.9	54.6
中南米，カリブ海諸国	−48.5	46.2	−63.7	−152.5
アルゼンチン	−9.0	7.2	−1.2	−4.9
ブラジル	−24.2	13.6	−47.3	−81.1
メキシコ	−18.8	−7.8	−3.9	−25.9
中東，北アフリカ，アフガニスタン，パキスタン	80.6	280.6	178.6	341.2
サブサハラアフリカ	3.4	29.5	−10.2	−38.5
東欧	−28.5	−84.1	−84.5	−74.5
旧ソ連諸国	48.1	93.9	69.1	17.0
参考：				
中国を除くアジア	59.4	132.2	140.1	154.1
統計的誤差	−134.2	245.0	428.3	586.8

四〇〇〇億ドルまたはGDPの二・五％にまで下がった。もちろん、アメリカ石油生産の上昇でエネルギー輸入の必要性が下がったことも大きい。主要工業国の中で、アメリカのポジション改善は、数字の上で言えば日本の経常黒字減少とカナダが急激に赤字に入り込んだことで、部分的に相殺された。

第二に、新興市場国——この国々の純貯蓄は、わたしの最初の貯蓄過剰説の重要な一部だった——の経常黒字合計は二〇〇六年以来大幅に下がった。この下落は、中国の黒字幅減少（ただし部分的にはアジアの他の国の増分で相殺）と、中南米諸国（特にブラジル）での黒字から大幅赤字へのシフトで説明がつく。

第三に中東・北アフリカ地域の経常黒字は、二〇〇六年にはかなり大きく、二〇一三年にも大きいままで、これは石油販売の利潤が続いていたことの反映だ。でも最近の原油価格急落により、こうした黒字は二〇一四年にはおそらく下がったはずだ。

最後に、重要な展開としてユーロ圏諸国全体の経常黒字は二〇〇六年以来三〇〇〇億ドル以上増えている。この変化の四分の一は、ドイツのもともと大きい黒字からきているが、圧倒的に大きいのは、いわゆる周縁国（ギリシャ、アイルランド、イタリア、ポルトガル、スペイン）が大赤字から黒字へとシフトしたことだ。その一部は競争力回復のせいかもしれないが、大半はおそらくこうした経済が経験した深刻な不景気の反映で、それが国内投資機会を減らしたせいだ。

どう結論づけるべきだろうか？　以下のデータ解釈は、あくまで印象論にとどまるが、わたしの考えはこうだ。金融危機以前にわたしが同定した世界貯蓄過剰の重要な源泉は、新興市場経済（特にアジア）と産油国の過剰貯蓄だった。ありがたいことに、中国が輸出依存を減らそうと努力したり、世界原油価格が下がったりしたことで、この国々の経常黒字は、まだ大きいとはいえ減少傾向にあるようだ。だがこの傾向を相殺しているのが、ユーロ圏全体の経常収支の大幅な増大だ。特にドイツは、人口もGDPもアメリカの四分の一に満たないのに、財と金融資本両方で世界最大の純輸出国となっている。総需要不足の世界では、ドイツの巨額の経常黒字が続くのは問題だ。だが最近のユーロ圏収支の純変化は、相当部分が循環的要因によるものらしい――具体的には、ヨーロッパ周縁国で継続中の深刻な不景気だ。

これらすべてを総合すると、世界貯蓄過剰仮説は、最近の展開、特に世界的な低金利を理解するための有益な視点となる。全体として、現在の状況に関する貯蓄過剰的解釈は、停滞論者的な視点よりは少々楽観論を提供してくれるものだろう。もし(1)中国がこのまま輸出依存から脱却して国内需要への依存を高め、(2)特にアジアを中心とした新興市場の外貨準備高の積み立てが減速し続け、(3)原油価格が低いままで続けば、新興市場や産油国の過剰貯蓄は危機以前のピークよりもっと下がると期待できる。この低下は最近、部分的にはユーロ圏が経常黒字に移行したことで相殺された。だがヨーロッパの黒字の中で、構造的で長期的なものは、ごく一部——主にドイツに帰属するもの——でしかないようだ。残りのユーロ圏の大半は、循環的な不景気を反映している。ヨーロッパ周縁国が成長に転じれば（これはおそらくいつかは起こるはずだ）、全体としての経常黒字は減るはずだ。

貿易と金融フローの世界的な不均衡が、本当にいずれ緩和されたら、世界の実質金利もある程度の上昇傾向になるはずだ。そしてアメリカの成長も、輸出見通しが改善すれば持続可能に見えてくるだろう。これを確実に実現させるためには、アメリカと国際社会は大規模で持続的な経常黒字を促進するような各国の政策に反対し続け、貿易と資本フローのよりよい均衡をもたらす国際システムに向けた努力を続けるべきだ。

（バーナンキのブログ）

リンク

†1 Bernake, Ben, "Why are Interest Rates so Low, Part 2: Secular Stagnation," March 32, 2005. 〈https://www.brookings.edu/blog/ben-bernanke/2015/03/31/why-are-interest-rates-so-low-part-2-secular-stagnation/〉〔本書6章〕

†2 Summers, Lawrence H., "U.S. Economic Prospects: Secular Stagnation, Hysteresis, and the Zero Lower Bound," *Business Economics*, vol. 49, no. 2, pp. 65–73, 2014 〈http://larrysummers.com/wp-content/uploads/2014/06/NABE-speech-Lawrence-H.-Summers1.pdf〉

†-3 Bernanke, Ben, "Global Imbalances: Recent Developments and Prospects," Bundesbank Lecture, Berlin, Germany, Sep. 11, 2007. ⟨https://www.federalreserve.gov/newsevents/speech/bernanke20070911a.htm⟩

†-4 Bernanke, Ben, "The Global Saving Glut and the U. S. Current Account Deficit (Remarks by Governor Ben S. Bernanke, At the Sandridge Lecture, Virginia Association of Economists, Richmond, Virginia)," March. 10, 2005. ⟨https://www.federalreserve.gov/boarddocs/speeches/2005/200503102/⟩

†-5 Greenspan, Alan, "Testimony of Chairman Alan Greenspan," Federal Reserve Board's semiannual Monetary Policy Report to the Congress Before the Committee on Banking, Housing, and Urban Affairs, U. S. Senate, February 16, 2005. ⟨https://www.federalreserve.gov/boarddocs/hh/2005/february/testimony.htm⟩

†-6 Hamilton, James D., Ethan S. Harris, Jan Hatzius, Kenneth D. West, "The Equilibrium Real Funds Rate: Past, Present and Future," 2015. ⟨http://econweb.ucsd.edu/~jhamilto/USMPF_2015.pdf⟩

7　バーナンキによる長期停滞論批判に答える

ローレンス・サマーズ
二〇一五年四月一日

ベン・バーナンキはブログを開始するにあたり、実質金利の決定要因に関する思慮深い観察[†1]と、最近のマクロ経済の展開を理解しようとしてわたしが持ち出した、長期停滞仮説[†2]をとりあげてくれた。わたしはバーナンキの書いていることの大半に同意するし、特にFRBがある意味で、実質金利を導くのではなく、追随する立場なのだという認識には賛成だ――というのも実質金利は資本の需給にかかわるさまざまな要因で決まるからだ。さらに、均衡実質金利がかなり長いこと低下トレンドにあるという認識にも賛成だ。かれの長期停滞仮説への異論は、わたしの考えを明確にしてくれたし、世間の論争で少し混乱が生じてきた多くの論点に答える機会を与えてくれるものだった。

長期停滞は、名目金利のゼロ下限制約だけの話なのだろうか？

長期停滞の本質は、貯蓄が慢性的に投資を上回るということだ。経済学者として問うべき自然な問題は、なぜそんな慢性的な過剰が柔軟な市場で存在できるのか、ということだ。特に、金利が変化して、貯蓄と投資を完全雇用にするはずではないか？　真っ先に思いつく答は、短期金利はゼロ（あるいはゼロ近くの下限）よりは下がれないので、これが完全な調整を阻害するということだ。バーナンキは、この要因の重要性について懐疑的で、インフレ目標二％なら実質金利はマイナス二％まで下がれると指摘する。これはそのとおりだ。でも中央銀行がインフレ目標を達成できるという主張は、どう見ても確実に信用できるものとは言えない。期待インフレを市場の指標で見ると、先進国のどこでもインフレ率は、今後一〇年かそこらは二％に達しないと示唆される。

またそれとは別に、貯蓄と投資を完全雇用で一致させる金利の調整がスムーズにいかない理由は他にもあることは考慮すべきだ。貯蓄目標が重視されるところでは、金利を下げると貯蓄は減るどころか増え、不均衡を悪化させかねない。さらに超低金利が続くとキャップレート（資本収益率）が上がって金融不安定がもたらされ、資産の耐用年数が長引き、収益率を求めたリスクテイクが促進され、融資の利払いにともなう金融規律が低下しかねない。

ゼロ以下の実質金利は経済的に筋が通っているだろうか？

バーナンキは、筋が通らないという——実質金利が永続的にゼロまたはゼロ以下なら、わずかな輸送費を節約するため、丘を切り崩すのにどんな多額の費用をかけてもと引き合うという、わたしの叔父ポール・サミュエルソンの有名な主張を持ち出している。バーナンキはいやいやながらも、ゼロ金利を生み出す理論的な仕組みはたくさんあることを認めている。たとえば、信用市場が完全には機能しない、財産権が無限の時間軸では確保されない、明示的または暗黙の財産税、負債に対する流動性サービス収益、有限の時間軸を持つ投資家たちなどだ。

バーナンキが別の文脈で広めた用語を使うなら、マイナス実質金利は、理論では必ずしも登場しないながら、実際には観察される現象だ。バーナンキの挙げるハミルトンらの論文[†3]は、二〇世紀の間にアメリカの利子率は、少なくとも三〇%の期間はマイナスだったことを実証している。いまドイツでは、一〇年名目利率は〇・一八%で、これはマイナス実質利率を示唆しているし、三〇年物の利率は〇・六〇%ほどだ！　イギリスだと五〇年もののインデックス債のイールドは、ずっと前からマイナスだった。

これまでの経済回復にバブルは重要な貢献をしたか?

経済が慢性的な過剰貯蓄に苦しんできたという発想の裏づけとして、わたしは二〇〇三—二〇〇七年の回復と、おそらくは一九九〇年の回復末期の相当部分が、持続不可能な金融条件に後押しされていたと論じた。バーナンキはこれを疑問視し、ハミルトンらの論文(Hamilton et. al, 2015)を使って前回の景気拡大期の住宅バブルによるプラスの影響は、アメリカの貿易赤字で相殺されてしまったし、一九九〇年代末にはバブルはごく慎ましい役割しか果たさなかったという。この問題にはずっと多くの研究が必要だ。二〇〇八年金融危機に先立つ一〇年では、家計債務が持続不能な勢いで増え、これが成長に大きな拍車をかけたという結論は逃れがたいものだと思う。そして一九九〇年代末には、株式市場ブームにともなう資産効果が重要だったというのはかなり自信を持って言える。以下で述べるとおり、開放経済の側面はとても重要だし、過剰貯蓄の相当部分が外国からやってきたという点は同意する。わたしは常に、外貨準備の積み上げと外国の安全資産に対する需要を、実質利子率抑制に作用する大きな要因として挙げてきた。

拡張的な財政政策は解決策としてどの程度優れているのか？

バーナンキは、貯蓄と投資を完全雇用で一致させるための金利引き下げが実現しにくかったり、金融不安定性につながったりするなら、財政政策全般、特に公共投資が成長促進の自然な道具だというわたしの論理を受け入れている。でも、永続的に拡大する財政政策は、政府が無限に債務を増やせるわけではないから不可能ではないかと懸念を示す。この問題はさらなる理論的検討を行う価値があるけれど、二〇一二年BPEA論文[†4]でわたしとブラッド・デロングが検討した理由から生じる財政政策の出動余地について、ベンはかなり過小な見積もりをしていると思う。

実質利子率ゼロの長期停滞世界を想像してみよう。すると政府の債務元利支払いはとても安上がりだ。公共投資プロジェクトが少しでもプラスの収益を出せば、それにともなう債務の元利返済ができるだけの収入を生み出せる。このプロジェクトにケインズ的財政刺激効果や、ヒステリシス効果が少しでもあれば、この影響はさらに拡大する。実質利子率が十分に低ければ、供給効果のない財政刺激でさえ、乗数効果を通じて元がとれることに注目しよう。

これは単なる理論的なポイントにとどまらない。二〇一四年一〇月IMF世界経済見通し[†5]は、金利ゼロ下限制約近くの国々での公共投資が、債務GDP比率を大幅に減らす見込みが高いと示唆している。

とても実質金利の低い経済で、拡張的な財政政策を採るべきだという主張はもちろん、中央銀行が独自の活動だけでインフレ期待を引き上げられるか怪しい場合には、なおさら大きくなる。金利がゼロ近くに捕らわれている状況——たとえば日本やドイツで見られる状況——では、拡張的な財政政策は、インフレ期待を引き上げることで実質金利を引き下げる。

国際的な側面はどうなのか？

後悔先に立たずながら、長期停滞論を復活させるにあたり、世界的な視野を採るべきだということをもっと明確に述べるべきだった。実際、ヨーロッパと日本で見られる金利の低さ、デフレ傾向の強さ、産出パフォーマンスの低さを見ると、長期停滞の亡霊はアメリカよりもかれらに強く取り憑いているようだ。さらに、資本市場の統合された世界では、どの地域の実質金利も他の地域の実質金利に依存する。特に二〇〇三—二〇〇七年の時期には、外国からくる貯蓄過剰が、アメリカでの需要に対する重要な阻害要因だったとみるべきだ。わたしが思うに、バーナンキとわたしは貯蓄投資バランスを考えるとき、個別の国についてだけでなく、世界経済全体で考えるべきだという点で合意している。貯蓄過剰傾向の国のほうが、投資過剰傾向の国よりも多ければ、世界的に需要不足が起こる。この場合、自国通貨を減価させられる国々は、もっと需要を生み出すことで便益を得る。借入国が、剰余国の剰余を減らそうとせずに調整できる世界的な仕組みは、世界経済を収縮に向けて押しやる傾向を持つ。

世界的な過剰貯蓄と停滞への傾向に対するうまい政策アプローチは、公共と民間の投資を刺激するにとどまらず、過剰な貯蓄を持つ国々に、それを減らしたり投資を増やしたりするよう奨励するものとなる。為替レート変化を通じて需要を刺激しようとする政策はゼロサムゲームになる。ある場所で生じた需要は、他の場所で失われるからだ。長期停滞と過剰な外国貯蓄は、同じ現象の表現方法がちがうだけだと考えたほうがいい。

最後の考察

長期停滞について、アルヴィン・ハンセンと同じようにまちがっていたなら、これに勝る喜びはない。ひょっとすると、まもなく工業世界では成長が回復し、金利や金融条件は正常化するのかもしれない。もしそうなら、遅い回復が一時的な逆風や不適切な財政収縮の反映だと述べたベンのような人びとが正しかったことになり、長期停滞の恐れは杞憂だったということになる。

でも工業世界すべてで、もう長年にわたり成長予測の改訂はほぼすべてが下方修正になっている。だから投資に比べて望む貯蓄量が多すぎるという慢性的な問題に直面しているのだという可能性は、真剣に考える価値があるとわたしは引き続き主張する。もしこれが当たっていれば、金融政策はこれを正常化できず、公共民間双方の投資拡大の必要性も継続し、適切な需要水準とその適切な分配に関する世界的な調整が必要となる。マクロ経済学者は、伝統的なビジネスサイクルのモデルを超えて、長期停滞の可能性を考えてみることで貢献できるのだ。

（バーナンキのブログ／サマーズのサイト）

リンク

†1 Bernake, Ben, "Why are Interest Rates so Low, Part 2: Secular Stagnation," March 32, 2005. 〈https://www.brookings.edu/blog/ben-bernanke/2015/03/31/why-are-interest-rates-so-low-part-2-secular-stagnation/〉〔本書6章〕

†2 Summers, Lawrence H., "U. S. Economic Prospects: Secular Stagnation, Hysteresis, and the Zero Lower Bound," *Business Economics*, vol. 49, no. 2, pp. 65–73, 2014. 〈http://larrysummers.com/wp-content/uploads/2014/06/NABE-speech-Lawrence-H.-Summers1.pdf〉

†3 Hamilton, James D., Ethan S. Harris, Jan Hatzius, Kenneth D. West, "The Equilibrium Real Funds Rate: Past, Present and Future," 2015. 〈http://econweb.ucsd.edu/~jhamilto/USMPF_2015.pdf〉

†4 DeLong, J. Bradford and Lawrence H. Summers, "Fiscal Policy in a Depressed Economy," Spring 2012. 〈https://www.brookings.edu/bpea-articles/fiscal-policy-in-a-depressed-economy/〉

†5 World Economic Outlook (WEO), October 2014; Chapter 3: Is It Time for an Infrastructure Push ? The Macroeconomic Effects of Public Investment; October 7, 2014. 〈http://www.imf.org/external/pubs/ft/weo/2014/02/pdf/c3.pdf〉

8　一国と世界で見た流動性の罠（ちょっと専門的）

ポール・クルーグマン
二〇一五年四月一日

長期停滞をめぐって、ベン・バーナンキ[†1]とラリー・サマーズ[†2]との間で実におもしろいやりとりが展開されている。ぼくはどっちの言うことにも大半は賛成だ。でもとても本質的な見解の相違がある。バーナンキは、サマーズが国際資本フローを十分に考慮していないと批判しているが、これは正当だとぼくは思う。でもバーナンキはさらには国際資本移動を考慮さえすれば、多くの長期停滞的な懸念は無用になると論じている。これはまちがっていると思う。

実は、流動性の罠[*1]の論理における資本フローの役割は、はるか昔の一九九八年にぼくも真っ

*1　名目金利をゼロ以下に下げられず、デフレ下で均衡実質金利を実現できないこと。

先に考えたことだ。そしてそれが長期停滞の議論にどう影響するかについても考えてきた。長期停滞というのは要するに、国はきわめてしつこい、準永続的な流動性の罠に直面しかねないという議論だ。だから、ぼくもここで有益なことを付け加えられるのではないかと思う。

まずバーナンキによるサマーズ批判から始めよう。アメリカが長期停滞に直面しているのではという、もっとも説得力ある証拠は二〇〇一－二〇〇七年の冴えない景気回復だ。住宅バブルの親玉を体験し、それを巨大な持続不能の家計負債が煽った――それなのに、得られたのは歴史的な基準で見れば大してパッとしない景気拡大で、インフレ性の加熱はないも同然だった。これは民間需要の根本的な弱さを示すようだ。でもアメリカ製の財やサービスに対する需要があまり伸びなかった理由の一つは、巨額の貿易赤字であり、その裏側には中国などの新興市場における巨額の外貨準備蓄積がある。だからバーナンキは、サマーズが長期停滞の証拠だとみているものは、実は世界貯蓄過剰の反映だと主張する。

これはよい論点だ。でもぼくの見たところバーナンキはさらに、長期停滞が世界全体に広がっていない限り、国際資本フローがそれを解決するはずだと述べている。というのも、資本は外国でもっと高い収益を求められるからだ。また世界貯蓄過剰の大半はもはや過去のものだし、いずれにしてもそうした問題は、外国政府に圧力をかけて資本勘定を開放させ、過剰な経常黒字を求める政策をやめさせることで主に解決できるのだと論じる。そしてこの主張では、バーナンキはいささか迷走しているとぼくは言いたい。

まず、外国投資の可能性が流動性の罠全般（長期停滞だけでなく）をなくすかどうか考えよう。このためには、ぼくが数か月前に、ドルとアメリカの回復の関係について考えようとしていたときに作った分析[†3]を考えてほしい。でもそれを逆回しにするのだ。仮に、ある国なり通貨圏なりが——ヨーロッパとでも呼ぼうか——総需要減少に直面したとする。そしてこれが、ヴィクセル的自然利子率——望む貯蓄と望む投資が完全雇用で一致する利子率——をゼロ以下にしかねないとしよう。ヨーロッパ以外にプラスの収益をもたらす投資があれば、そんな事態は起きるだろうか？

起こらないと思ってしまいそうだ。外国にプラスの収益の投資がある限り、資本は流出する。するとユーロの価値は下がり、純輸出は増え、ヴィクセル的自然利子率は上がる。だから資本移動があれば、一国だけで流動性の罠は起こりえないと思うだろう。

でも、ヨーロッパ需要の弱さが一時的なもの（といってもこれは数年がかりという意味かもしれないが）とみなされれば、これは正しくない。というのもその場合、ユーロの弱さも一時的と思われるからだ。それが下落すればするほど、投資家たちは将来それが「平常の」水準に急速に戻ると期待する。そしてこの平常に戻る期待増価は、ユーロの下落後の期待収益を、外国の水準まで自然利子率を引き上げるよりはるか下の水準で均衡させてしまう。国際資本移動があると、

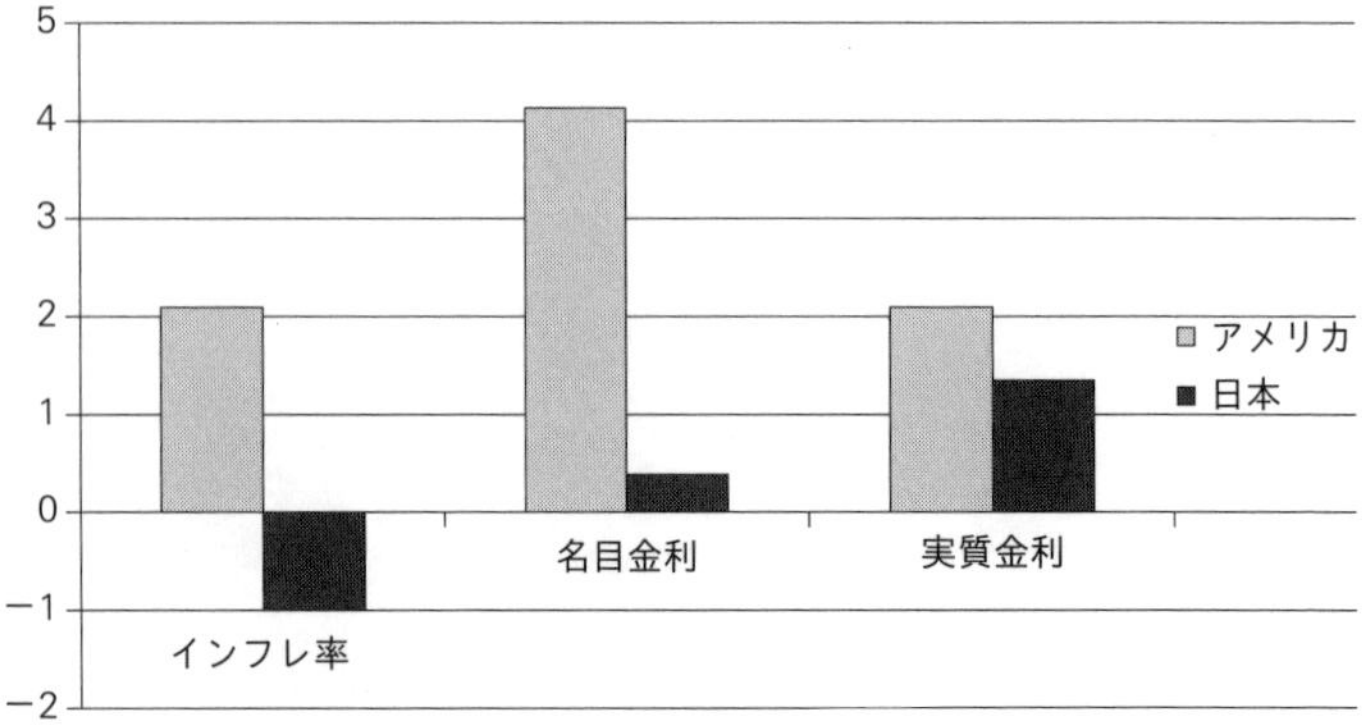

図　アメリカと日本（1996-2008 年）　出所：IMF

一国だけで流動性の罠はたしかに起こりにくくはなるけれど、絶対に起こらないとは決して言えない。

それでも、流動性の罠全般ではなく長期停滞は、きわめて長期にわたる貯蓄過剰、ほとんど準永続的な貯蓄過剰についてのものだ。この場合なら、資本移動が決定的な役割を果たすと期待できるのでは？　一国だけで長期停滞が起こるのは不可能じゃないの？

この問題に初めて取り組んだとき、ぼくもそう思った。でもすぐに大きな現実世界の反例にぶち当たった。日本だ。日本は実質的に一九九〇年代からゼロ下限制約を続けていて、他の先進国がそこに加わったのは二〇〇八年末になってからだ。ならば、なぜ資本はもっと高い収益を求めて日本から大量流出しなかったんだろうか。そうすれば円は下がり、日本は流動性の罠から脱出できたはずだ。

答は、日本での実質収益は特に低くなかったということとだ——実は、外国の水準とおおむね同じだった。でも実質金利の均等化はヴィクセル的自然利子率の均等化を通じては起きなかった。むしろ何が起きたかというと、日本の持続的なデフレが、ゼロ下限制約と組み合わさって、実際の実質金利をヴィクセル的利子率よりずっと上に保ったということだった。一九九六年から二〇〇八年のデータを見てみよう。インフレはGDPデフレータで見て、金利は六か月LIBOR[*4]だ。

はいはい、完全に等しくはなっていないけれど、あまりずれていない——長年にわたりゼロ下限制約にあっても、日本はおおむね競争力のある実質収益を提供していた。

日本の例の教訓は、もし他の国が穏やかなプラスのインフレ率を実現できているのに、自国だけがデフレに滑り落ちたり、あるいは「低インフレ」に落ち込んだりしてしまったら、その他世界がプラスの収益を持つ投資機会を提供していても、長期停滞にはまりかねないということだ。

ということで、世界貯蓄過剰の将来の話をしよう。

バーナンキが言うように、巨額の経常収支で見る限り、ドイツこそが新しい中国だ。でもかれは、ユーロ圏全体の巨額の経常黒字は、ユーロ周縁国の循環的な弱さによる一時的な現象で

＊2　ロンドン銀行間レート。世界中の短期金利のベンチマークとして使われる。

しかなく、だから持続的な問題の種にはならないだろうと言う。

でも債券市場が何を言っているかを見よう！　ドイツの利子率――ユーロの安全利子率と考えられているものを示すと思っていいだろう――は七年先までマイナスだ。一〇年金利はたった〇・一六％だ。これは、ユーロ圏経済がこの先長年にわたり停滞を続けると市場が見ていることを告げているし、だからECB金利もずっと低いままだと思われている。実質的にヨーロッパの債券市場は長期停滞警報を出しているわけだ。

そしてこれは筋が通っている。ヨーロッパが長期停滞だという主張は、アメリカの場合よりもずっと強いものだ。労働年齢人口は日本と同じように減りつつある。ユーロは、共通通貨はあっても財政統合はないので、財政政策に強い収縮バイアスをもたらしていると考えられる。そしてコアインフレ率[*3]はすでにたった〇・六％に下がっている。

すでに述べた理屈にしたがえば、これは持続的にとても弱いユーロと、持続的に巨大なヨーロッパの経常黒字を意味するはずだ。経常黒字になるのは、ヨーロッパがいわば、自分たちの長期停滞を輸出しようとするからだ――これを制約するのは、低インフレやデフレがゼロ下限制約と相互作用して、金利がヴィクセル的均衡利子率に下がるのを防ぐ場合だけだ。

そしてそのとおり、市場が暗黙のうちにユーロについて何を予測しているかを見ると、どうも持続的な弱さを想定しているようだ。ユーロ／ドルのレートは、ヨーロッパがこんなに巨大な経常黒字を出しはじめた以前から約三〇％も下がっている。一方、ドイツの一〇年物実質金利はマイナス一％なのに、アメリカの実質利率は少しプラスだ。これは市場の期待として、ユーロは今後一〇年で、過去の減価の三分の一程度しか回復しないと見ていることを指す。[†2][*4]

そしてこれがさらに意味しているのは、アメリカ国内の弱さを見ないようにして、外国（特にドイツ）からの資本輸出にだけ注目したとしても、この世界貯蓄過剰の新バージョンがそんなにすぐに終わると考えるべき理由はまったくないということだ。

というわけで、政策論争に移ろう。バーナンキはどうも、問題があるにしても、為替操作を取り締まれば解決できると言っているようだ。

アメリカと国際社会は大規模で持続的な経常黒字を促進するような各国の政策に反対し続け、貿易と資本フローのよりよい均衡をもたらす国際システムに向けた努力を続けるべ

＊3　インフレ率から、一時的な変動の激しい生鮮食料品を除いたもの。
＊4　この金利差は、一〇年後のユーロ／ドル為替レートが現在に比べて二割くらい下がると市場が見ている計算になる。つまり、三〇％下がったものが、一〇年にわたり毎年一％ずつ上がって、最終的に一〇％、つまり三〇％の三分の一戻り、二割減になるというのが市場の見方、というわけだ。

きだ。

　でもヨーロッパ問題についてのぼくの分析が正しければ、これはほとんど関係ない。ヨーロッパの貿易不均衡や資本不均衡は、域内需要の根本的な弱さの結果だ。そしてそれがその他世界に輸出されてしまい、それを受け取るぼくたちアメリカの需要もそんなに強いわけじゃない。もしそうなら、ここにある問題は需要を促進する政策で解決するしかないものだということになる。だから政策論争で言えば、ぼくは圧倒的にサマーズを支持する。

（『ニューヨーク・タイムズ』）

リンク

†1　バーナンキのブログ〈https://www.brookings.edu/blogs/ben-bernanke〉
†2　サマーズのホームページ〈https://larrysummers.com/〉
†3　Krugman, Paul, "The Dollar and the Recovery (Wonkish)," The New York Times, February 6, 2015.〈https://krugman.blogs.nytimes.com/2015/02/06/the-dollar-and-the-recovery-wonkish/〉
†4　http://www.bundesbank.de/Redaktion/EN/Downloads/Service/Bundeswertpapiere/Rendite/current_prices_yields_2015_04.pdf?__blob=publicationFile

9　なんで経済学者は人口増加を気にかけるの？

ポール・クルーグマン
二〇一四年五月一九日

経済学者アルヴィン・ハンセンが「長期停滞（secular stagnation）」の概念を初めて提案したとき、かれは投資需要の低迷に人口増加の鈍化が果たす役割を強調した。現代の長期停滞論争[†1]でも、この強調点がふたたび注目されている。日本の労働人口減少は、あの国が抱えるいろんな問題の重要な源泉になっているようだ。また、ヨーロッパとアメリカで人口増加が鈍化しているのは、ぼくたちも日本と同様の型にはまりつつあることを示す重要な指標だ。

でも、こうした論点を示すたびに多くの人から質問をもらう。「人口の減少はありがたいことじゃないの？　だってさ、人口が減るってことは、資源への負担が減るってことだし、環境に与える損害も減るってことでしょ」

ここで認識しておくべき大事なことがある。「人口増加が鈍るのは、よいことになりうるし、そうなるべきだ——ただし、健全な政策としてまかり通っているものは、この潜在的にはよい発展を大きな問題に変えてしまう見込みがあまりにも大きい」ということ。なぜか？　現状のゲームの規則では、ぼくらの経済には、「自転車」的な側面が色濃くあるからだ。十分にスピードを出して走っていないと、転んでしまいかねない。

これは、かなり直球の論証だ。おおむね完全雇用を達成するには、経済は十分な支出をしてその潜在力を使う必要がある。でも、支出の重要な要素である投資は、「加速効果」に影響を受ける。つまり、新規投資の需要を左右するのは経済の成長率であって、目下の産出水準じゃない。ということは、もし人口増加の鈍化によって成長が鈍れば、投資需要も減少する——そうなれば、経済は永続に近い不況に追い込まれてしまう。

さて、これへの対処は簡単なはずだとは言える。十分に金利を下げてやれば、人口増加が鈍化しても投資需要を維持できる。問題は、必要な実質金利は安全な資産ではマイナスになってしまうかもしれないということだ。すると、十分に金利を下げられるのは、十分なインフレがある場合に限られる——でもこれをやろうとすると、こんどは物価安定へのイデオロギー的なコミットメントにぶつかるハメになる。

これは基本的には技術的な問題だ。この世界がいまのぼくたちの現実よりマシな場所だったら、地球上でもっと人がまばらになるという便益を享受しながらこの問題に単純に対処してるはずだ。でも、この世界では、技術的問題はとてつもない損害を引き起こす。なぜなら、技術的問題の性質について明瞭に考えるような意欲を持つ人なんてめったにいないからだ。だからこそ、ぼくらは人口増加の鈍化を気にかけているわけだ。

（『ニューヨーク・タイムズ』）

リンク

†1 Krugman, Paul, "Secular Stagnation in the Euro Area," *The New York Times*, May 17, 2014. 〈https://krugman.blogs.nytimes.com/2014/05/17/secular-stagnation-in-the-euro-area/〉

10　日本の金融政策に関する考察

ベン・バーナンキ

二〇一七年五月二四日

今回、金融政策について学んだ教訓と今後の課題についての会議にお招きいただきありがとうございます。金融政策の革新と実験の時代が続き、その間はしばしば日本銀行が最前線に立っていたわけですが、その時代が終わったいま、これまでにわれわれが学んできたこと、そしてわれわれが理解する必要があることを、一歩下がって評価するべきでしょう。

わたし個人についても、ある程度ふりかえって評価してみるべきです。ここにおられる多くの方はご存じのとおり、一九九二年に金融的枠組みとインフレ目標に関するリック・ミシュキンとの共著論文で日本銀行のケーススタディをして以来[†1]、わたしは長年にわたり学者としても政策当時者としても日本の金融政策について考え、著述してきました。日本に関するわたしの文章の多くは、日本銀行がデフレと短期利子率の実質的な下限に対処する際に直面した、類のない課題——少なくとも当初は類のなかった課題——を扱っています。学者として、わたしはこの課題が知的に実に魅力的だと思いました。この問題はもちろんわたしが二〇〇二年にFRB入りして以来、そんな抽象的なものではなくなりました。アメリカも似たような問題に直面し、二〇〇三年にはデフレが懸念され、さらに二〇〇八年後半には実質的な下限に直面することになったのです。

こんどの講演にともなう準備のため、日本に関する自分の論説やスピーチを見直しました。特にスピーチは解説的なものが多いので、わたし自身の見方だけでなく当時の専門家のコンセンサスを織り込むようにしています——ポール・クルーグマン（Krugman, 1998）、マイケル・ウッドフォードとゴーティ・エガートソン（Woodford and Eggertsson, 2003）、ラース・スヴェンソン（Svensson, 2003）など学者の考えも反映させたつもりです。ふりかえってみると、国際金融危機以前の一〇年間にわたしが日本について書いてきたことの多くは、これだけ時間が経ってもそんなに外れてはいません。たとえば、二〇〇二年のデフレに関するわたしのスピーチやその後の二〇〇四年のヴィンセント・ラインハートとの論文やラインハートおよびブライアン・サックとの論文の中で、わたしは短期利子率がゼロに近くなると中央銀行は「弾切れになる」とする考え——当時一部では有力だった見方——を押し戻しました。短期利子率がゼロになっても、中央銀行はもっと金融状況を緩和する多くの選択肢があると主張したんです。そして共著者と共に、後に日米でリフレ努力に使われる政策ツールの多くを議論し、評価しました。たとえば利子率のフォワード・ガイダンス（経済状況の条件次第のものも、そうでないものも）、大規模な資産購入、中央銀行が所有する資産構成の変更、中央銀行による低コストの貸し出しを元にした信用プログラム、さらには日本でイールドカーブ・コントロールと呼ばれているものすらありました[†2]（でもマイナス金利は予想外でした）。

他の文章の中では、中央銀行はもっと長期の資産購入プログラムを組むべきであり、当初の日本の量的緩和のように、短期債券に集中するべきではないと主張しました。[†3]レイフシュナイダーとウィリアムズ（Reifschneider and Williams, 2000）を念頭におきつつ、デフレリスクに直面したときには政策の矢弾を温存しようとするより、「決然と先制的に」（Bernanke, 2002）動くことが重要だと強調したのです。わたしはデフレに対してある程度の余裕を見た高目のインフレ目標を設定するのが必要だと強調し、インフレ率が一時的に目標値を上回っても、利子率が事実上の下限制約にあった期間におけるインフレ率の不足を補うものとして是認できるとも述べました。[†4]また金融政策を財政政策や構造改革で補完する必要性も何度も認めてきましたし、最後の貸し手的な行動や金融規制改革、銀行の資本増強を通じた金融の安定化が決定的に重要だと繰り返し言及してきました。

しかしながら、もちろんすべて正しかったわけではありません。特に、初期の文章では、決然とした中央銀行は容易にデフレを克服できるとあまりにも楽観的に確信していたし、それ以外の見方には聞く耳を持ちませんでした。たとえば、まだ学者だった二〇〇〇年の論文の中では、日本銀行が「みずから招いた麻痺」にかかっていて、「ルーズベルト的な決意」を示していないと批判しています。もっと積極的な政策、一九三三年にフランクリン・ルーズベルトがやったような非正統的な戦略や、同じ時代に日本で高橋是清大臣が行ったような政策を実施すれば、まちがいなくもっとよい結果が出たと主張したわけです。でもわたし自身がFRB議長になってみると、この職務に付随する重い責任と不確実性に直面して、以前の発言の一部の調子を後悔しました。中央銀行が事実上の下限に対抗する実現可能な手段を持っているのは事実ですが、その問題は日米問わず、わたしが主張していたより扱いづらかったんです。特に、初期の文章の中では、金融政策だけで実現できることと、財政政策とある程度の連携が必要になることとの区別を、必ずしも十分に明確にしていなかった。二〇一一年の記者会見で、かつての発言に関して日本の記者から尋ねられたときには、「わたしは一〇年前より多少は中央銀行家に同情的になっている」と答えています。デフレを終わらせ、事実上の利子率下限から抜け出るのが、かつて思っていたより難しい理由というのが、今日のお話のテーマの一つです。

これからの話では三つのことをします。まず日銀が二%のインフレ目標を追求し続けることが重要だと再確認しておきたい。いくつか重要な指標を見ると、今日の日本経済は改善しているという事実がありますが、それでも続けるべきなのです。二つ目に、二〇一三年以来の日本の金融政策、つまりアベノミクスの第一の矢について包括的な形でコメントします。かなり前進は見られつつも、黒田総裁の下での非常に積極的な政策をもってしてもインフレの目標値には到達していない。目標到達を難しくしている日本経済の側面にいくつか触れましょう。

将来的には、これまで実施した政策と、世界経済からの後押しがあれば、現状維持のままでも数年後には日銀が目標を達成できるかもしれません。でも保証の限りではないし、運が悪ければ、これまでに達成された成果が覆る可能性もある。わたしの話の最後の部分は、その万一のときにどんな政策オプションが残っているだろうかという点についての考察です。

インフレ目標を追求し続ける論拠

すでに述べたように、進展はあったものの、日本銀行は二％のインフレ目標達成にはまだ距離があるし、最近のコアコア・インフレ率（つまり生鮮食料品価格とエネルギー価格を除外したインフレ率）は最近もゼロ付近をうろうろしています。日銀はあっさり勝利宣言をして、もう目標達成はあきらめるべきでしょうか？　非正統的な努力はもういらないと論じる人もいるでしょう。

日本経済の成長は遅々たるものではありますが、これは主に長期的な要因、つまり労働力人口の縮小や生産性成長の低さの反映で、金融政策でどうこうできるものではないというわけです。実際、よく指摘されることとして、一人あたりで見れば日本の成長率は最近のアメリカと比べてそんなに悪くないのです。日本の労働市場は逼迫していて、失業率はここ数年でもっとも低く、最近の就労年齢労働者の労働参加率は七三・三%とアメリカ（六八・七%）以上です。[†5] この実績は二〇〇八年の世界金融危機、二〇一一年の大地震と津波（続いて原発の停止）、さらには中国がもっと国内重視のサービス志向経済モデルに移行しようとする余波など、かなりの逆風の中で実現されています。二〇一四年の消費税率引き上げも、さらなる成長の足かせになりました。

それなら、インフレ目標を追求し続ける理由は？　一つは、もっと高いインフレ率、もっと高い名目利子率と、もっと高い名目GDP成長率との組み合わせが、日本の過大な財政負担を減少させるのに役立つからです。概算ではありますが、日本の二〇一八年以降のインフレ率と名目利子率が一気に〇%から二%に上昇すると仮定した場合に、日本国債残高の将来的な元本支払いの現在価値がどれだけ変化するか計算してみました[†6]（短期国債やその他の債務、国債残高に掛かる将来の利払いは無視しています。それを含めても結果には大きな影響はないはずです）。将来発行される国債の利払いは、高利子率環境を反映すると想定しているので、高インフレによる財政への唯一の恩恵は既存の国債残高の実質価値低下だけです。[†7] この計算によると、インフレ率と利子率が二%に跳ね上がると、日本の債務残高現在価値の対GDP比はおよそ二一%下がります――かなりの恩恵です。とはいえ、現在の債務比率がGDP比で二〇〇%を超えていることからすると、形勢逆転とはいきませんね。[†8] 高いインフレが財政に持つ意味あいについては後ほどお話しします。

でもわたしにとって、インフレ目標達成のもっと重要な利点は、金融政策が不況性のショックへの対応能力を取り戻すことで、将来の経済的安定性向上が促進されることです。過去二〇年間、その能力は短期利子率が実質的な下限近くにあることで制約されてきました。この制約がどれほど重要だったかざっと理解するため、標準的なテイラー型ルール（Taylor, 1993）を推計してみました。日本の過去のコアコア・インフレ率と失業率で政策金利（翌日物コール金利）を回帰分析したんです。データは月次です。実質的な金利下限が無関係だった時期として、一九八〇―九五年と一九八五―九五年という二つの別々の標本を使っています。[†9] インフレ目標や自然失業率もしくは中立利子率の時間変化について補正はしていません。これだけ単純化しても、推計された係数はアメリカでのテイラールールの係数と似ていて、そんなに変なものではありません。[†10]

こうしてテイラールールの推計値が手に入ったので、もし（当然、仮想です）日本銀行が実質

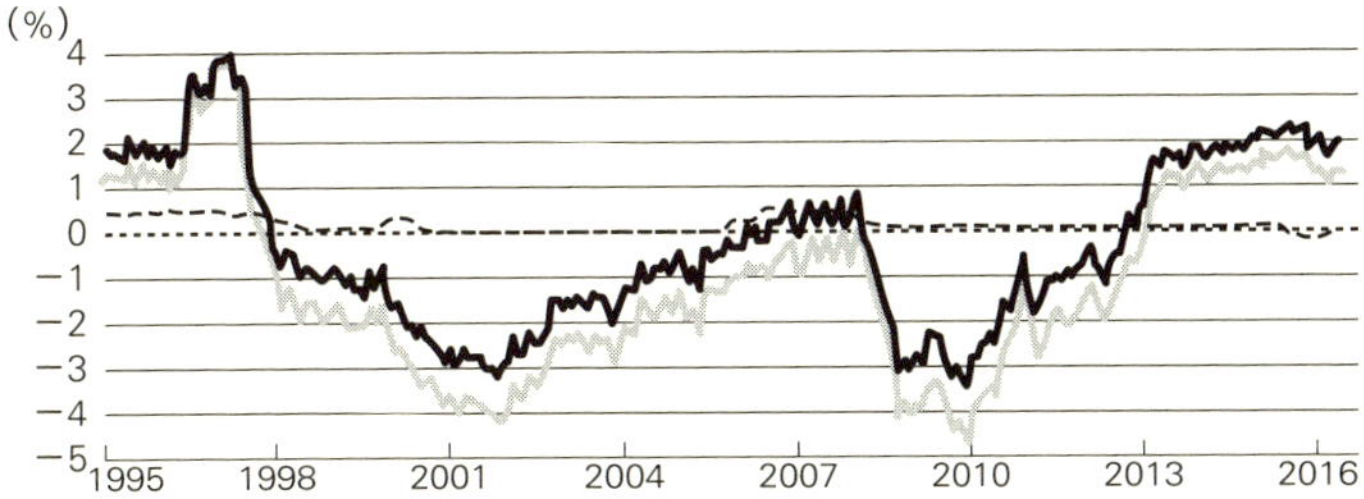

図1　簡単なテイラールールに基づく推計コールレート（1995年10月-2017年2月）　出所：著者の試算，日本総務省，日本銀行，Haver

注：推計コールレートは、それぞれの期間について過去のコールレート実績をコアコア・インフレ率と失業率に回帰させたもの。インフレは2004年消費税率引き上げの影響について補正済み。

的な金利の下限という制約なしに当時の経済条件に対応できていたら、一九九五年一〇月以降のコール金利が標本以降どのような推移をたどるか算出しました（図1）。おもしろいことに、この単純な方程式から予想される今日のコール金利は、主に低水準の失業率を反映して、一％から二％の間のプラスになっているんです。この結果を真に受けるなら、現在の日本の金融政策は実質的な金利下限制約を受けていないことになります。[†11]でもインフレ率がいまだに目標値をずっと下回っていることからみて、これが解釈としてありえるとは思いません。この結果はむしろ、わたしの推計がよく確立されている均衡実質利子率の下方トレンドと、日本が二〇一三年に高いインフレ目標を採用したことを無視しているせいだと考えます。この二つはどちらも、適切に考慮すれば、テイラールールで予測される利子率を引き下げがちなのです。だから、図1の一九九五年以降の推計利子率はかなり上方バイアスがある可能性が高いでしょう。

こうしたバイアスはあっても、この推計値が示唆するのは、実質的な金利の下限がなければコール金利はマイナス四％にまで下落したかもしれないということです。しかもそれは世界的な大不況の時期だけでなく、日本の長期的な景気停滞期（二〇〇〇年九月から二〇〇三年四月）でもそうなのです。最近、カイリーとロバーツ（Kiley and Roberts, 2017）がアメリカについて示したように、金利の実質的な下限に何度も直面すると、経済のパフォーマンスは時間とともに大幅に下がりかねません。これは単に金利の下限が金融政策に制約を課すからというだけではなく、高止まりした実質利子率が資本投資の足かせになり、景気循環のもっとも弱い時期に借り手のバランスシートの負担になるからです。そして実際一九九五年以来、日本の実質利子率はほとんど変化しておらず、実質金利が通常の景気安定化機能をまったく果たせていないことがわかります。[†12] インフレ目標を持続的に達成できて、それによりおそらく名目利子率が現在より二ポイントほど高くなったとしても、これらの問題が解決はしませんが、かなり縮小はしているでしょう。要するに日本銀行が将来の経済的なショックへの対応能力を取り戻そうとするなら、積極的にインフレ目標を追及し続ける必要があるわけです。

アベノミクスの下での金融政策

こんどは最近の金融政策に関連した課題に移りましょう。もちろん、現在の経済政策レジームは二〇一二年一二月に総理大臣になった安倍晋三と結びついています。成長を再起動し、デフレを終わらせようとする安倍総理のプランはアベノミクスと呼ばれ、金融政策、財政政策、構造改革という三本の矢で構成されているのは有名です[†13]。安倍の支援の下、二〇一三年一月二二日に日本銀行は二％の新たなインフレ目標を発表し、二か月後、黒田東彦が新たな総裁の地位に就きました。黒田総裁の下で、日銀は日本国債に加え上場投資信託などの民間資産の買入れを行う、量的・質的金融緩和（QQE）と呼ばれる政策を採用しました。QQEの結果として、日銀のバランスシートは二〇一六年末までに日本のGDPの八八％の規模に拡大しました。ちなみにFRBとヨーロッパ中央銀行だとそれぞれ約二四％と三四％です[†14]。日銀はまたわずかにマイナスの利子率も採用していますが、マイナス幅はヨーロッパほど大きくないし、銀行の利益に不利な影響が及ぶのを防ぐよういろいろな措置もとられています。

もっと最近では、日銀は政策的枠組みを修正し、当初はほぼゼロだった一〇年物国債の利回りを目標にして、さらに一定の期間にわたり二％のインフレ目標値より上振れの容認を約束しました（Kuroda, 2016）。最近のわたしのブログポスト（Bernanke, 2016b）でも言及していることですが、どちらも建設的な措置だと見ています。特にインフレ目標上振れ容認とを約束したのは、短期利子率が実質的な下限にあるとき、中央銀行はインフレ率が上昇したときにも通常より金利を低めに保つと約束することで補正するべきだとする理論的な分析にも合致しています（Krugman, 1998; Eggertsson and Woodford, 2003）。もっと一般的に言えば、インフレ率上振れ容認の約束は、日銀がデフレに対する戦いを拙速に止めてしまうという懸念を抑えるのに有効です。

イールドカーブ・コントロールの採用は量的目標（年間八〇兆円の国債買入れ）から価格目標（国債のイールドカーブ）への変化と解釈できます。日銀の国債残高のシェア拡大にともない、銀行などの国債保有者は利回り以外の理由で国債を評価するようになり、民間が所有している国債残高は価格にあまり影響されなくなります。だから、日銀による国債買入れの量的目標達成が難しくなっても、日銀は国債利回りを操作しやすくなるし、以前より少ない国債買入れでそれを実現できそうです。[†15] 民間の手にわたる国債の供給量の制限がもはや政策実施の障壁にはならないので、この新たな枠組みは以前のものより持続可能性が上がっています。また国債利回りを目標にすることで、日銀は経済と金融機関に対する政策の影響をもっとうまく予測運営できるようになるかもしれません。

たしかに、二〇一三年以来の政策、とりわけ日銀による政策は著しい効果があったようです。

コール金利には下げ幅がほとんどなかったのに、安倍の当選以来、日銀は金融状況を大幅に緩和して、それが株式市場、長期利子率、為替レートに反映されています。[†16] 二〇一三年初頭以来、経済成長率も上がり、平均一・一%になりました。これはたぶん潜在成長率以上で、最近の労働市場で見られる改善とも整合しています。名目GDP成長率は長年にわたる収縮から脱して過去四年間で平均二・一%近くとなり、財政の持続可能性も有利に作用しています。そして、重要なこととして長期デフレにも終焉の兆しがあって、二〇一三年から二〇一五年のコアコア・インフレ率（消費税の変化分を除く）は〇・五―〇・七%の範囲にあります。でも心配なことに、二〇一六年のコアコア・インフレ率はゼロ近くに落ち込みました。ハウスマンとウィーラント（Hausman and Wieland, 2014）が以前にアベノミクスと日銀の政策評価をしたとき、費用便益分析では悠々の合格だという結論を出しました。三年経ったいまでもその評価は揺るがないようです。

それでも日銀が表明した二%のインフレ目標値には達していないし、目標達成の期日が何度も先送りされているのは残念なことです。なぜなのか？　部外者であるわたしから見ると、日本経済と、過去の政策の遺産が相互作用して、日銀のインフレ目標への迅速な前進を妨げているようです。重要なこととして、日本の均衡実質利子率は異例なほど低く、おそらくはマイナスです。均衡実質利子率とは、経済学者にはヴィクセル自然利子率として知られるもので、総需要と潜在的生産力を一致させるような実質利子率のことです。同じ意味ですが、均衡利子率とは「中立的な」スタンスの金融政策を定義する利子率のことです。

日本の均衡実質利子率が低いこと自体は何も驚くべきことではありません。それどころかすべての主要国の自然利子率が歴史的な低水準にあるとする有力な証拠があります。たとえば、ホルストンら（Holston, Laubach, and Williams, 2016）ではアメリカ、カナダ、ユーロ圏とイギリスの均衡実質利子率が急速に下落していることが示されています。

ざっと言えば、主要な経済圏での自然利子率の低さについては（少なくとも）二つの説明があります。長期停滞仮説は一九三〇年代のアルヴィン・ハンセンが提唱したもので、最近になってラリー・サマーズ（Summers, 2014）によって復活しました。これによると低利子率の主要因は経済成長率の下落とそれに基づく資本投資の収益率の低下だということです。もう一つの説明である世界的貯蓄過剰仮説――二〇〇五年にわたしが作ったことば――は、貯蓄意欲の高さと投資意欲の低さが世界的に釣り合っていないことに注目します。この仮説が強調しているのは、過剰貯蓄は一部の国による膨大な非常用の外貨準備高の備蓄のような政策決定の結果だということです。この二つの仮説は相反するものではなく、むしろ相補的です。もし主要国の経済が長期停滞に向かう傾向がなければ、世界の貯蓄をもっと高い実質金利水準で吸収するだけの資本投資機会が十分あったはずです。もし世界的貯蓄過剰がなければ、ある国での長期停滞は資本流出と貿易黒字を通して、その国の住民が発展途上国を含む外国に投資することで打開できてしまいます。

そのどちらの仮説も今日の日本に当てはまりそうです。日本の労働力低下と低い生産性上昇は長期停滞説と整合します。現在の日本での高い資本労働比率とあわせて、成長見通しの弱さは国内の資本投資の限界収益を圧迫します。さらに言えば、高齢化とそれにともなう実質所得拡大の鈍化により、耐久消費財や住宅への需要は限られます。教科書的に言えば、日本のＩＳ曲線ははるか左下方にあるので、経済を完全雇用にもっていき、インフレ率に上昇圧力を加えるためには、極度に低いかマイナスの実質利子率が必要ということです。

長期停滞説では国内の投資機会の低収益性が強調されます。日本の場合、資本の対外流出が国内貯蓄の別の使い道として重要でした。原理的には、こうした資本流出は貯蓄者に高い収益をもたらす一方、通貨を下落させ、輸出を増やし、国内の完全雇用を維持させます。もちろん、日本がこの仕組みでどれだけ利益を得られるかは、他の主要国の経済がどれだけ低成長に苦しんでいるか、どれだけ実質的な利子率下限と苦闘しているかに左右されます。理想的には、他の主要国経済に吸収されない日本の過剰貯蓄は、資本不足の途上国に流れますが、この経路は世界的な貯蓄過剰と、多くの国によって採用されている貿易黒字および外貨準備高拡大政策で狭められています。†17 対外投資という安全弁を塞ぎ、日本の自然利子率を圧迫している他の要因としては、日本の貯蓄者たちのホームバイアス（自国偏重）があります。また日本の貿易黒字規模に対する国際的な政治的圧力もあるし、日本の輸出企業は市場にあわせて値づけをするために輸出の価格弾力性が下がっています。そして、安全圏通貨としての円の地位によって、国際的な経済的・金融的・政治的ストレスが起こると円高になりやすいのです。

低い自然利子率は、低いインフレ率とあいまって、金融政策が経済を再浮揚させる能力を阻害します。もちろん、だからといってそうした状況で金融政策が無力になるわけではありません。一般的に、実質的な金利下限のときでさえ、二つの補完的な方法で総需要、雇用、インフレ率を押し上げられます――その一つが金融状況の緩和（たとえば、長期利子率の引き下げ、通貨の切り下げ、株価の引き上げなど）で、これは直接的に総需要を刺激します。もう一つは、民間のインフレ期待を押し上げて実質利子率を引き下げ、将来の成長見込みを押し上げることです。合理的期待形成を組み込んだ標準モデルでは、この二つの方法は同じコインの表裏にすぎません。特に、実質的な金利下限のときには、金融政策が金融状況を緩和するにはインフレ期待に影響を与えるしかないのです。でも実務的には、この二つのアプローチが行動としてまったく別個のものになる可能性は押さえておきましょう。少なくとも社会の中で、金融状況の変化に対して集団ごとにちがう反応を示すことがあり、各集団がインフレと成長についてもちがった予想をする可能性もあるのです。

いずれにせよ、日本の金融政策の伝達経路は両方とも限界に達しているようです。まず今日の日本では、短期利子率だけでなく、非常に長期の利子率も下限近くに達しています——言うなれば、一種の「超流動性の罠」です。対照的に、アメリカの短期利子率は二〇〇八年から二〇一五年までゼロ近傍でしたが、長期利子率はプラスの領域にとどまり、一〇年物国債の利子率は約一・五％以下になることはありませんでした。短期利子率を削る余地はなくても、FRBはフォワード・ガイダンス（短期利子率を長期間低めに維持すると約束すること）と量的緩和（それが期間プレミアムを引き下げる）を通して、長期利子率に低下圧力をかけることによって緩和政策を実施できました。同様に、すでに指摘したことですが、日本銀行は最近、短期利子率のイールドカーブ操作の余地がほとんどないのに、実質的に金融状況を緩和してきました。しかしながら、いまやすべての期間構造で金利が実質的にゼロになり（そして、日銀は金融の安定性のため大幅なマイナスの金利にする気は明らかにない）、日本では非伝統的な手段を通じたものすら含めても、金融状況をこれ以上大幅に緩和する余地は限られているようです。

あるいは指摘したように、将来インフレ率が上昇しはじめても低い利子率を維持すると日銀が約束したりすることで、将来インフレ率が上昇するという期待を生み出せれば、実質利子率を引き下げ、経済を刺激できます。そうした約束は信頼されるでしょうか？　たとえその約束に専門的な意味で完全な時間整合性がなくても、中央銀行は将来について信頼性ある約束ができるとする証拠はあるようです。バローとゴードン（Barro and Gordon, 1983）のような単純なモデルによると、インフレ目標自体が時間整合性を持ちません。つまりそうしたモデルでは、政策立案者は常にインフレ「サプライズ」を操作して、その結果としての景気拡大を享受するインセンティブがあるからです。でも実際には、インフレ目標を持つ中央銀行は信頼性ある枠組みを構築し、予想インフレを目標値に定着させられます。また世界的な経験から見ても、利子率のフォワード・ガイダンス（将来の政策についてのコミットメント）は、たとえ中央銀行によるその将来のコミットメントがあまり厳密でなくても、金融状況を緩和できます（たとえば、スワンソン（Swanson, 2017）を参照）。そして、量的緩和の効果の一部は、それが将来の政策についての指標になることで生じているようです。だから一般的には、期待を操作するために中央銀行の発言を使うのは、金利の下限近くにいるときの金融政策手段として捨てたものではありません。そうした手法は、中央銀行がその決意を実行に移し、政府がその戦略を明白に支援したときにはことさら効果を発揮するはずです――だからこそアベノミクスの下での劇的な変化は潜在的に重要なものだったし、日本に関する初期の論説でわたしが強調したような大胆な行動も必要だったのです。

日本の期待インフレ率は、たしかに最初の量的・質的金融緩和が発表された後で上昇しましたが、全体として日銀が希望したほどの反応はありませんでした（Bank of Japan, 2016）。特にヘッドライン・インフレ率が原油価格の下落などの要因で押し下げられた時期はそうでした。ときどき、日本のインフレ期待は適応的だとか、国全体での賃金交渉のような制度のためにバックワードルッキング[*1]な傾向があるとか言われます。これは説明というよりは、日本のインフレ期待が極端に現在の状況に敏感で、中央銀行の発言には比較的反応が薄いという根本的な謎の言い換えでしかありません。中央銀行の発言に巨額の資産購入などの精力的な政策がともなっているときですらそうなのです。

日銀のコミュニケーションに対するインフレ期待の反応の弱さを正当化する方法はいろいろあります。[†18] たとえば、家計や企業はあまり聞く耳を持っていないので、よほどの理由がない限りインフレについての信念を更新するだけの時間や精神的努力を費やそうとはしないというものです。最近はインフレが静止しているので、この戦略は日本の民間主体にとって、それほどコストが掛かるものではなかったでしょう。あるいは、人びとは良質な情報を持っているのに、相変わらずベイズ主義的な行動[*2]を採っているのかもしれない。つまり実際のインフレ率に基づいて、日本が低インフレ・レジームから高インフレ・レジームに移行する確率を更新している

＊1　将来どうなるか考えるよりは、これまでのトレンドをたどる形で予想を形成するということ。
＊2　目先で入ってくる情報にあわせて確率評価を補正する手法。

のかもしれない (Caskey, 1985)。これまで、高インフレ・レジームに重きをおくべき根拠はほとんどありませんでした。このどちらの話も、長年にわたりデフレ心理を確立させてしまった以前の日本銀行の政策に、ある程度の責めを負わせています。

もう一つ可能性の問題として、クルーグマン（Krugman, 2014）はインフレ期待の粘着性について複数均衡という解釈を提示しています。仮になんらかの理由で、人びとが高めのインフレを期待するようになったとしましょう。名目利子率がゼロなので、予想インフレ率の上昇は実質利子率を引き下げ、経済活動と物価水準を押し上げることになり、これで当初の予想は成就します。でも人びとが低インフレもしくはゼロインフレをずっと予想し続けるなら、実質利子率は下がらず、インフレ期待はまたもや自己成就的なものになります。この複数均衡解釈は日銀のジレンマについての合理的な説明に見えます。理由はどうあれ人びとがインフレを期待しないなら、インフレを生み出すのは難しく、それにより人びとの懐疑的な見方は裏づけられてしまうことになるわけです。

ブルッキングス研究所（Bernanke, 2017）のコメントでも述べたことですし、またこの会議でも後でマーク・ガートラーが話をしてくれると思いますが、中央銀行の発言と家計・企業・市場の予想との結びつきを理解することが、金融政策当局者にとってますます重要な課題になっています。わたしが指摘したように、証拠を見ると中央銀行は、評判という資本などのメカニズムを通して、完全な時間整合性がなくても、将来の政策についての予想を誘導できます。でも期待をどう管理すればいいのか、特にある定常状態の政策から別の定常状態に移行したいときにどうすればいいのかは、まだはっきりしないままです。日本の経験はそうした管理がいかに困難かを示しているのです。

どんなツールが残されているのか？

二〇一三年以来、日本銀行は重要な進歩を遂げてきました。政策は以前よりずっと将来に身を乗り出したものとなっています。これはデフレ的な力がきわめて強力だったことを考えれば不可欠だったでしょう。わたしが今日話したように、日銀の行動は金融状況を大幅に緩和してきましたし、全般的な景気回復を促し、インフレ率をプラスの領域に持ってきました。日銀の新たな枠組みは、すでに進行中の財政政策とあいまって、十分な刺激をもたらして、数年後に日銀もインフレ目標値を達成できるかもしれません。特に世界経済がそれを後押ししてくれればなおさらです。

しかしながら状況は完全に安心できるものではありません。インフレ率は二％にほど遠く、目標への歩みも着実とは言いがたい。そして、過去数年間に使われたツールは、先ほど話したとおり限界に近づいています。特に、利子率は短期だけでなく期間構造すべてを通じて、実質的な下限近くにあり、現在までに実現したインフレ率が持続的に上昇する気配がないので、期待インフレ率も低いままです。この時点で、日銀がこれ以上の手を講じるべきかどうかははっきりしませんが、将来的に何かをしなければならない可能性は否定できません。この時点で、道具箱には何が残っているのでしょうか？

　ブランシャールとポーゼン（Blanchard and Posen, 2015）は、インフレ期待が大幅にバックワードルッキングな面を持つ状況でインフレ期待を高めるためには、まず実際のインフレ率を押し上げることが重要だと論じています。政府が日本の半中央集権的な賃金交渉プロセスを利用して、企業が名目賃金を上げるよう圧力をかけ、なだめすかし、その賃金上昇を価格に転嫁させるよう推奨すべきだと提言しています。政府部門は公務員の給与引き上げでそれに貢献できます。

　これが成功すれば、企業への賃上げと価格上昇の圧力で少なくとも一時的には、インフレ期待を押し上げられます。でも賃金所得の増加はおそらく消費を増やすとはいえ、もっと高い価格水準での完全雇用を満たすほど総需要が増えるという保証はありません。そうでない場合、物価と賃金の上昇は完全に一時的なものになり、あるいは——失敗に終わった一九七〇年代のアメリカの賃金物価統制と似たような形で——企業は利益を確保する一方、おそらく賃金と価格を上げたと形式的に報告し、このシステムをごまかす抜け穴を見つけるでしょう。

日本政府が所得政策を採用するかはわかりませんが、いずれにしても政府は、もっと高い賃金と物価を支えるのに総需要が十分だと確信させなければいけません。またまた数年経って、インフレ率が回復していなかったら、どうやってそのように確信させられるでしょう? 中央銀行単独の行動が限界に達しているとき、かわりに登場するのは通常は財政政策です。でも日本では現状の高水準の債務残高対GDP比の結果として、財政政策でさえ制約に直面するかもしれません。そうなるとどうしても、金融政策と財政政策の連携の話をするしかないと思うわけです。そうした連携策を実行する手段はいろいろですが、考えられるアプローチの鍵となる要素は、(1)政府が新たな支出と減税プログラムを約束することと、(2)そのプログラムが日本の債務残高対GDP比に与える影響を相殺するための手段を実行する、と中央銀行が約束することです。

すでに述べたように、この約束を実現する方法はさまざまです。直接的なアプローチとしては、クルーグマン(Krugman, 1998)やエガートソンとウッドフォード(Eggertsson and Woodford, 2003)での主張とも一致することですが、債務残高対GDP比が少しでも増加しないように、日銀がインフレ目標値を一時的に上振れさせるようコミットすることです。このコミットメントはヘリコプターマネーのような奇抜な概念(Reichlin, Turner, Woodford, 2013; Bernanke 2016a)に頼る必要はなく、金融政策で財政プログラムに資金を供給すると約束すればいい。その可能性を示すため、日本の債務に対するインフレの影響を見たさっきの分析を拡張してみましょう。日本国債残高の満期日構成を考えると、日銀は目標値を〇・七ポイント超えるインフレ率を三年間か、〇・四ポイント超えるインフレ率を五年間続けることで、GDPの二％分の財政プログラムに結果として資金を供給できます。さらにこの計算は、金融政策と財政政策の緩和が名目GDPの成長率を押し上げた結果としての歳入の増加をいっさい無視しています。政府のほうはと言えば、長期国債で財政プログラムの資金調達をすることによって、必要になるインフレ率上振れの程度を抑えられます。長期国債はインフレ率の上昇にもっとも影響を受けますから。[†19]

ここでは、この仮想的な財政プログラムの中身には立ち入りません。ただ、このプログラムをアベノミクスの三本目の矢である構造改革の推進に使うと有益ではないかと指摘しておきます。そして、構造改革は長期的な成長率の引き上げに欠かせないものです。たとえば、再訓練プログラムや所得補助は非効率部門を改革する際の抵抗を和らげられるし、的を絞った社会福祉は女性や高齢者の労働参加を増やすのに貢献します。

さて、よく練られた財政プログラムが総需要と産出を増やし、フィリップス曲線効果[*3]を通じて最終的にインフレ率にも上昇圧力を加えると考えるのは筋が通っています（そして、多くの統計的証拠とも整合します）。特に、財政政策は将来のインフレ率や生産高への期待変化だけに依存するものではありません。それでもこのプログラムに金融政策の要素は必要だったり有益だったりするのかという疑問はあるでしょう。中央銀行にさらなる新たなコミットメントを求めることに対する二つの反論に、手短に答えておきましょう。

一つ目は、インフレ率上昇を通じて負債の増加分を相殺するという日銀のコミットメントが、大規模な資産買入れなどこれまでインフレ率を上げるために日銀がやってきたコミットメントより少しでも信頼性あるものになるのかという疑問です。もし日本の家計や企業が近年見られるような懐疑的な態度を維持するなら、日銀のアナウンスメントはインフレ期待に大して影響を与えないし、このプログラムの金融的要素は財政政策単独の場合と比べたとき、ほとんど利点がない（という主張ができます）。強力な財政政策と金融政策をもってしても、インフレ期待が粘着的なままの可能性があることは、「決然とした」中央銀行は常にインフレ率を押し上げられるという、わたしが以前に提唱していた主張の欠点です。

しかしながら、わたしの提案の枠組みに関する限り、世間はインフレ率を目標上振れさせるという中央銀行の主張を信じる必要はなく、政策当局者や法案立案者だけが信じればいいのです。マクロ的な状況から正当性があるのに政府が拡張的な財政プログラムを承認しない大きな理由は、結果としての国の債務増大を心配するからです。積み上がった債務を相殺するために

＊3　失業率とインフレ率との関係を示す曲線。

金融政策が使われると信じるなら、議員たちはもっと積極的に行動するかもしれない。さらにかれらは、金融政策は財政政策と相反するものでなく、財政乗数を増やし、「対価に対する価値」を増やすのだと理解するでしょう。わたしが述べてきたように、金融政策と財政政策を連携させる目的は、ある財政政策を中央銀行の約束で補うことではなく――というかそれもやりますがそれだけではなく――まず財政政策をそもそも政治的に実現可能にすることです。もちろん中央銀行が、一時的にインフレ率の目標上振れを許すというコミットメントを遵守するなら、複合的な政策のインパクトはそれだけ大きいものになるでしょう。

金融政策と財政政策の緊密な連携で生じかねない二つ目の懸念は、それが中央銀行の独立性を侵害するということです。わたしが以前、二〇一〇年に東京での日銀の会合で話をしたとき、短期的な政治的圧力から金融政策が独立性を持つ必要があるという主張をかなり細かく説明しましたし、それは当然、民主主義にとって本質的な透明性と説明責任と不可分なものです(Bernanke, 2010)。狭い言い方をすれば、中央銀行の独立性の論拠は、政治家が金融政策当局に過度なほど拡張的になるよう圧力をかけるか、政府の資金繰りの恒常的な源となるよう圧力をかけるようになった場合に生じるインフレの上振れバイアスを避けられる、ということです(Barro and Gordon, 1983)。インフレの上振れバイアスは、控えめに言えば日本ではあまり問題ではないようです。もっと一般的な独立性の論拠としては、政治と距離をおくことによって金融政策当局が所得データや政策の選択肢を評価する際、客観的かつ科学的になり、それが政策の一貫性や継続性を高め、長期的な視点を保てるというものがあります。わたしはこの一般的な見解に説得力があると思います。

わたしが述べたような財政当局者との連携は、こうした価値を毀損するでしょうか？　中央銀行のコミットメントをはっきり定義することが重要になるでしょう。たとえば、インフレ率の一時的な目標上振れをめざすというコミットメントは、現在のプログラムだけに適用されるものであり、継続的に行うものではないということを明白にする必要があります。さらに当然のことながら、あらゆる状況の下で、金融政策のツールを手にしているのが中央銀行だということは理解されるべきです。それは――良きにつけ悪しきにつけ――政府は、中央銀行の将来の指導層が、そのコミットメントを破るリスクを受け入れる必要があるということでもあります。こうした合意が締結されても、かつて論じたように、それは独立性を侵害するものではないと思います。それは独立国が条約を結んでもその国の主権が侵害されないのと同じです。また中央銀行の独立性は手段であって、目的ではないということにも留意すべきでしょう。中央銀行がその責務から外れたことや、責務に相反することを行うよう強制されるなら、中央銀行の独立性は脅かされたといえます。ここで起きているのはそういうことではありません。ここでは、中央銀行はその責務を明示的に達成するために財政当局者と協力するのです。

結論

日本は、近年、日銀による二％のインフレ目標に向けての前進も含めて、かなりの経済的前進を遂げてきました。残念なことに、黒田総裁の下での積極的なアプローチと全般的な経済の改善にもかかわらず、いまだインフレ率は目標率に達していません。もし将来の不景気と戦うのに金融政策を使いたいなら、インフレ率を上げることが不可欠になります。

もしすべてがうまく行くなら、現在の日銀の政策的枠組みだけで、インフレ目標の達成に十分かもしれません。それは成り行きを見ましょう。でも十分でないなら、利用可能な選択肢は比較的わずかしかありません。もっとも有望な可能性は――そんな段階に到達してしまったら――もっと明示的な金融政策と財政政策の連携です。財政政策が政府債務に与える影響を抑えるための金融政策は、財政当局者の積極性を高め、さらにその行動のインパクトを高められます。日銀はこんなステップをためらうかもしれません。でも将来ありえそうな状態としてわたしが考えるものでは、他に本当に現実的な道はないはずなのです。それをやらなければ、インフレ率を上げる戦いを放棄し、デフレの再燃を受け入れたりするしかありません。デフレを終わらせ、実質的な下限から利子率を押し上げるために、これだけ長く勇敢に戦ってきたあげくにそんなことになってしまうなら、それは結末としてあまりに残念なものでしょう。

（日銀での講演）

原注

†1　日本の金融政策に大きく触れたわたしの論文やスピーチとしては Bernanke (2009a, 2003, 2002, 2000), Bernanke and Mishkin (1992), Bernanke, Reinhart, and Sack (2004) などがある。最近では金融問題についてのブログを書いており、日本の金融政策にも触れている。たとえば Bernanke (2016b) などを参照。

†2　イールドカーブ目標についての議論は Bernanke (2002) を参照。Bernanke and Reinhart (2004) は各種のフォワード・ガイダンスとバランスシート構成変更を論じている。Bernanke, Reinhart, and Sack (2004) では、フォワード・ガイダンスと資産購入は日本ではアメリカより効果が薄いようだと結論している。

†3　FRB議長として、わたしは長期資産購入を「信用緩和」と名づけて、二〇〇一－二〇〇六年に日本が実施したような、短期証券やマネーサプライ中心の量的緩和と区別しようとした (Bernanke 2009b)。でもこの用語は流行らなかった。

†4　Bernanke (2000, 2002, 2003).

†5　データはOECDの二〇一五年、一五－六四歳男女について。https://stats.oecd.org/Index.aspx?DataSetCode=LFS_SEXAGE_I_R を参照。

†6　もちろん二%よりずっと高いインフレ率をめざせばもっと大きな効果が出る (Blanchard and Posen, 2015)。ここではインフレ目標の最適水準についての議論には踏み込まない。

†7　日本銀行が、インフレ率が上がっても新規発行の国債イールドを低く抑えられるなら、もちろん財政への影響はもっと改善する。

†8　日本国債残高の満期分布に関する最近のデータとしては http://www.mof.go.jp/english/jgbs/reference/Others/redemption01.pdf を参照。これがわたしの計算の基盤となっている。直近年度で見ると、日本国債残高の元本は八四五兆円だ。他の債

務、特に政府短期証券償還のための一一二兆円を含めると、日本政府の総債務は一一一六兆円ほどだ（http://www.mof.go.jp/english/jgbs/publication/newsletter/jgb2017_03e.pdf を参照）。ちなみに日本の名目ＧＤＰは五四〇兆円ほどだ。

†9　具体的には、推計標本は一九八〇年一月－一九九五年九月と、一九八五年一月－一九九五年九月（月次データ）で、予測は一九九五年一〇月から二〇一七年二月まで行った。一九九五年一〇月は、コール金利が持続的に〇・五％以下に下がった最初の月だ。政策金利としては一九八〇年一月－一九八五年六月では平均月次担保つきオーバーナイトコール金利を使い、その後は無担保金利を使っている。二〇一四年消費税引き上げの影響補正は、二〇一四年三月から四月にかけてコアコアＣＰＩが不変だったと想定して補正した。

†10　一九八五－九五年標本についての失業の係数はマイナス一・五八（t=－3.82）で、インフレの係数は一・四六（t=8.31）だった。一九八〇－九五年の標本だと、それぞれマイナス一・五二（t=－4.61）と一・一九（t=6.67）になる。

†11　テイラー・ルール（Taylor, 1993）を最近のアメリカのフェデラルファンド金利予測に使うと似たような結果が出る。

†12　月次データだと事後的な実質利子率の分散は、一九八〇年一月－一九九五年九月期には、一・七七ポイントだったが、コール金利がゼロかゼロ近くだった一九九五年一〇月－二〇一七年二月ではたった〇・四六ポイントだった。ここでは事後的な実質金利は、コール金利から一二か月ラグを入れたコアコア・インフレ率を引いたものと定義している。

†13　アベノミクスのマクロ経済的影響についての議論としてはHausman and Wieland（2014, 2015）を参照。

†14　出所：Haver Analytics.

†15　これに対してアメリカ国債の供給はもっと価格に敏感らしい。これはアメリカでイールドカーブのコントロール政策を行ったらＦＲＢの保有量を大きく変動させたはずだということになる。ＦＲＢのバランスシートをコントロール不能にしかねないという理由で、ＦＲＢはイールド目標を使わず、特に長期については行わなかった。

†16　二〇一二年一〇月以来、一〇年物日本国債利回りは〇・八％からゼロ近くに下がり、三〇年物利回りは一・九％から〇・八％に下がった。日経二二五平均株価は八八〇〇円から一万九〇〇〇円超となり、貿易加重為替レートは一〇七から八六（二〇一〇＝一〇〇）に下がった。出所：Haver Analytics.

†17　最初に貯蓄過剰について書いた頃には、中国と東アジア諸国が資本流出の主要な源で、これは相当部分が準備高蓄積と関連していた。最近では中国の準備高は横ばいになったが、新しい過剰貯蓄の源が台頭しつつある。これは中国の民間部門からの流出やヨーロッパからのものだ。

†18　理屈からすれば、インフレがきわめて慢性的なら、「適応」期待は「合理的」でもある。つまりインフレ期待が現在の

インフレ変化に敏感に反応すべきだという意味での合理性だ。特にアメリカに比べて「適応」性の高い日本のインフレ期待は、原理的には日本でのインフレが長続きしたことが主な理由かもしれない。この可能性を調べるため、わたしはヘッドライン・インフレとコアコア・インフレのAR(4)モデルを日米について、一九九六年第一四半期から現在まで推計した。日本のヘッドライン・インフレは四半期四つ分の期間で見てもアメリカよりも持続性が高く、インフレの一ポイント上昇は、第四四半期後のインフレ予測を〇・四三ポイント引き上げる。これはアメリカだと〇・一四ポイントにとどまる。だがもっと長期を見ると結果は逆転するし、コアコア・インフレ率だと結果は両国でほとんど同じとなり、日本のインフレのほうが明らかにしつこいという見方は裏切られる。

†19　国債満期期間をのばせば、インフレ約束の信頼性も高まる。インフレによって政府が得る便益が大きくなることを意味するからだ。

参考文献

Bank of Japan, "Comprehensive Assessment: Developments in Economic Activity and Prices," September 2016. 〈https://www.boj.or.jp/en/announcements/release_2016/k160921b.pdf.〉

Barro, Robert, and David Gordon, "Rules, Discretion and Reputation in a Model of Monetary Policy," *Journal of Monetary Economics*, vol. 12, number 1, 101–21, 1983.

Bernanke, Ben, "Japanese Monetary Policy: A Case of Self-Induced Paralysis ?" in *Japan's Financial Crisis and Its Parallels to U. S. Experience*, Ryoichi Mikitani and Adam Posen, eds., Institute for International Economics, 2000.

Bernanke, Ben, "Deflation: Making Sure "It" Doesn't Happen Here," remarks before the National Economists Club, Washington DC, November 21, 2002.

Bernanke, Ben, "Some Thoughts on Monetary Policy in Japan," remarks before the Japan Society on Monetary Economics, Tokyo, May 31, 2003.

Bernanke, Ben, "The Global Savings Glut and the U. S. Current Account Deficit," Sandridge Lecture, Virginia Association of

Economists, Richmond, March 10, 2005.

Bernanke, Ben, "Asia and the Global Financial Crisis," remarks at the Conference on Asia and the Global Financial Crisis, Federal Reserve Bank of San Francisco, Santa Barbara, California, October 19, 2009a.

Bernanke, Ben, "The Crisis and the Policy Response," Stamp Lecture, remarks at the London School of Economics, London, January 13, 2009b.

Bernanke, Ben, "Central Bank Independence, Transparency, and Accountability," remarks at the Institute for Monetary and Economic Studies International Conference, Bank of Japan, Tokyo, May 26, 2010.

Bernanke, Ben, "Comment on Hausman and Wieland," *Brookings Papers on Economic Activity*, Fall 2015, 414-419.

Bernanke, Ben, "What Tools Does the Fed Have Left ? Part 3: Helicopter Money," Brookings Institution blog, April 11, 2016a.

Bernanke, Ben, "The Latest from the Bank of Japan," Brookings blog, September 21, 2016b.

Bernanke, Ben, "Comment on Kiley and Roberts," *Brookings Papers on Economic Activity*, Spring 2017, in press.

Bernanke, Ben and Frederic Mishkin, "Central Bank Behavior and the Strategy of Monetary Policy: Observations from Six Industrialized Countries," *NBER Macroeconomics Annual*, O. J. Blanchard and Stanley Fischer, eds., 1992, 183-228.

Bernanke, Ben and Vincent Reinhart, "Conducting Monetary Policy at Very Low Short-Term Interest Rates," *American Economic Review*, 94, no. 2, 85-90 (May 2004)

Bernanke, Ben, Vincent Reinhart, and Brian Sack, "Monetary Policy Alternatives at the Zero Bound: An Empirical Assessment," *Brookings Papers on Economic Activity*, Fall 2004, 1-78.

Blanchard, Olivier, and Adam Posen, "Getting Serious About Wage Inflation in Japan," *Nikkei Asian Review*, December 15, 2015.

Caskey, John, "Modelling the Formation of Price Expectations: A Bayesian Approach," *American Economic Review*, September 1985, vol. 75, 768-76.

Eggertsson, Gauti and Michael Woodford, "The Zero Bound on Interest Rates and Optimal Monetary Policy," *Brookings Papers on Economic Activity*, Spring 2003, 139-233.

Hausman, Joshua and Johannes Wieland, "Abenomics: Preliminary Analysis and Outlook," *Brookings Papers on Economic Activity*, Spring 2014, 1-63.

Hausman, Joshua and Johannes Wieland, "Overcoming the Lost Decades ? Abenomics After Three Years," *Brookings Papers on Economic*

Activity, Fall 2015, 385–413. [Posen comment]

Holston, Kathryn, Thomas Laubach, and John C. Williams, "Measuring the Natural Rate of Interest: International Trends and Determinants," Federal Reserve Board, *Finance and Economics Discussion Series*, 2016–073.

Kiley, Michael and John Roberts, "Monetary Policy in a Low Interest Rate World," Brookings Papers on Economic Activity, Spring 2017 (in press).

Krugman, Paul, "It's Baaack: Japan's Slump and the Return of the Liquidity Trap," *Brookings Papers on Economic Activity*, Fall 1998, 137–205.

Kuroda, Haruhiko, "'Quantitative and Qualitative Monetary Easing (QQE) with Yield Curve Control': New Monetary Policy Framework for Overcoming Low Inflation," speech at Brookings Institution, Washington DC, October 8, 2016.

Reichlin, Lucrezia, Adair Turner, Michael Woodford, "Helicopter Money as a Policy Option," VOX, May 20, 2013. 〈http://voxeu.org/article/helicopter-money-policy-option.〉

Reifschneider, David and John C. Williams, "Three Lessons for Monetary Policymakers in a Low-Inflation Era, *Journal of Money, Credit, and Banking* 32, no. 4 part 2, 2000, 936–66.

Summers, Lawrence, "U. S. Economic Prospects: Secular Stagnation, Hysteresis, and the Zero Lower Bound," *Business Economics*, vol. 49, no. 2, 65–73, 2014.

Svensson, Lars E. O., "Escaping from a Liquidity Trap and Deflation: The Foolproof Way and Others," *Journal of Economic Perspectives* 17, Fall 2003, no. 4, 145–66.

Swanson, Eric, "Measuring the Effects of Federal Reserve Forward Guidance and Asset Purchases on Financial Markets," *NBER working paper* 23311, April 2017.

Taylor, John B., "Discretion versus Policy Rules in Practice," *Carnegie–Rochester Conference Series on Public Policy*, 39, North–Holland, 195–214, 1993.

11 経済の発展と人口増加の鈍化（抄訳）

アルヴィン・ハンセン

一九三八年一二月二八日

アメリカ経済学会ではここ数年、投資、所得、雇用などの変動を左右する要因の検討を主に扱ってきました。でもそもそも、この一九三八年という時点で、アメリカ経済の構造そのものが変わりつつあるという点を考慮すべきかもしれません。というのも過去二五年にわたる西洋世界の経済秩序の状態を見ると、かつての産業革命に匹敵する大規模な構造変化が見られるのはまちがいないことだからです。いまや、一九世紀という成長と拡大の大いなる時代から、もはやだれも明確に特徴づけることのできない時代になりつつあるのです。

圧倒的に重要ながら、いまだに経済学者がほとんど検討していないのが、人口増加です。一九二〇年代の大幅な人口増に比べ、一九三〇年代の人口増は半減し、一九四〇年代にはそれが三分の一になると予想されています。一九世紀以来の大幅な人口増は、歴史的に見て特異であり、いまやそれがゼロに向かおうとしているようです。経済学者はこの大きな変化を考慮する必要があります。

たしかにマルサス的な発想からすれば、人口増にともなう資源枯渇の問題があるため、現在のトレンドはそれを緩和するものとして歓迎できる部分もあります。しかし人口急増から人口停滞への急激な変化もまた、独自の問題をもたらすことは否定できず、それに対する適切な経済政策による対応が必要です。まさにこれこそが、現在の経済状況変化の大きな原因だと考えるべきです。

アダム・スミスは、人口増が経済発展の原因であり結果でもあると考えました。人口増が発展を刺激し、発展がさらなる人口増と膨張を可能にするわけです。マルサスとリカードは天然資源の制約を強調しましたが、これは静学的な発想で、人口をきちんと考慮するにはスミスの動学的な考え方のほうが重要です。

これまでの経済学では、経済発展の構成要素は、(a)発明、(b)新しい領土や資源の発見と開発、(c)人口増加という三つでした。このそれぞれが、さまざまな形で投資と資本形成を実現してきました。

一九世紀半ばになると、経済発展は雇用や産出の変動を引き起こす主要な原因と考えられるようになりました。経済発展と経済の不安定性との関係はリカードが思いつき、それをヴィクセルなどが定式化しました。

さらに最近では経済発展が生産資源の完全雇用維持に果たす役割が重視されるようになりました。それまでの経済学者は、経済システムは自然に完全雇用を実現し、ビジネスサイクルはあってもいずれ完全に雇用は回復すると考えました。これは一九世紀の強い経済発展がもたらした発想です。シュピートホフは、新産業や新しい資源や領土の発見が経済の急成長をもたらし、その反動で不景気が生じるので、いずれすべての資源が発見され、機械技術の力が完全に活用されたら、経済はほぼ安定するようになると考えましたが、その安定した状態が完全雇用か、完全所得かどうかは考えませんでした。

一九世紀の大きな経済問題はビジネスサイクルでしたが、現代でもっとも重要なのは完全雇用の問題です。そして完全雇用の問題がなければ、実はビジネスサイクルなどというのは大した問題ではありません。現在は経済回復が弱く、不景気の時期が長引いています。これこそが長期停滞の問題の本質です——回復はすぐに中折れしてしまい、不景気が悪循環を引き起こして延命する状況でこそ、ビジネスサイクルの要因を本気で考える必要が出てきます。経済危機の説明はしばしば、表面的な原因だけに注目し、不景気の結果でしかないものを原因だと言いつのることになりがちですが、慢性的な失業を前に、いまこそもっと根本的な問題に立ち返るべきではないか――つまり技術イノベーションの性質、新しい領土の存在、人口増加です。

一九世紀はすさまじい資本形成の時代でもあり、それが経済成長をもたらしました。でもわたしが注目したいのは、資本形成が完全雇用と、したがってその時点の技術水準で可能な最大の所得を可能にしてきたという点です。投資が十分でないと、経済は完全雇用や最大の所得を実現できないからです。これはヴィクセルやトゥガン＝バラノフスキーによる貯蓄と投資の関係をめぐる多数の論文で明らかにされています。消費支出と所得の差を埋められるだけの投資がないと完全雇用にならないという点は、すでに議論の余地がないと考えます。つまり消費刺激策がなければ、完全雇用は投資次第だということです。

しかし低金利で投資可能資金がたっぷりあるだけでは、活発な実質投資を生み出せるかどうかは議論が分かれています。ヴィクセルは新規投資が利潤をもたらせるかが圧倒的に重要で、金利はおまけでしかないと考えました。そうは言っても、わたしは金利が投資決定要因として一般に思われているより重要だと思っています。

実質投資の増加は、資本の深化（産出あたりの資本が増加）と拡大（産出あたりの資本は変わらず、産出全体が増える）のどちらの形をとることもできます。しかし英米のデータを見ると、拡大のほうが主で、深化はあまり見られないようです。またサービス業では資本ストックがほとんど増えていません。人口増と産出増をはるかに上回る資本投下は製造業だけですし、それも部門によってはあまり増えていません。むしろ資本を節約するような新発明により、産出の資本比率がかえって減っているところもあります。

では資本投資は他の要因とどういう関係にあるのでしょうか。人口増加率がここで重要になります。人口が増えれば住宅需要が増えます。人口が定常なら、高齢化によりサービス需要が増えます。住宅需要増は資本投資を招き、サービス需要増はあまり資本投下を必要としません。だから人口増加が鈍化すれば、産出に占める資本比率も下がります。資本の深化は止まり、人口増加の鈍化で資本の拡大も減り、さらに新規発明により資本形成はさらに下がりかねないのです。

投資の中で、人口増によるもの、新領土や新資源によるもの、技術革新によるものの比率を考えると、人口増や労働力増加は経済成長の半分くらいを占めているようです。すると一人あたりの産出増大は、年一・五％程度です。これが新技術や新しい天然資源のおかげです。また、人口増が新技術開発や資源探索に貢献した部分もあるでしょう。つまり人口増は直接間接に産出増大に貢献したということです。その意味で一九世紀はまさに、人口増と新資源や領土が新資本形成の半分くらいに貢献していた時代なのです。

ところが現在は、それがありません。東欧ロシア、東洋では人口増が続いていますし、これらが今後工業化するでしょうが、地域としての不安定さから、こうした地域への投資は限られたものになりそうです。今後五〇年間で、新興国投資が一九世紀よりずっと小さくなることについてはだれも異論がないでしょう。すると、新規投資の対象は、技術進歩によるものに限られてきます。でも技術進歩はまったく新しい世界を創ったり、いまの世界を大きく拡大したりすることもできません。また一九世紀は科学の進歩が医学を通じて人口増に貢献しましたが、今後それが出生率の低下を補えるとは思えません。

すると今後の世界は、完全雇用を維持するための民間投資機会を維持するために、ますます急速な技術進歩に頼らざるを得なくなります。そして発明や技術進歩を止めるべきだという論者に従うなら、その道すら閉ざされてしまいます。もちろん技術進歩が失業をもたらす側面はあります。でも新規産業を創り出し、実質投資を増やすようなイノベーションは絶対に止めてはならないのです。必要なのは、科学技術の進歩を抑えることではなく、それを加速することなのです。

重要なのは新規産業の開発です。そんなことは今後起きないという主張には何の根拠もありません。でも、鉄道や自動車、それにともなう道路建設などの新産業が、今後確実に登場するという根拠もありません。また新産業の成長が一定の速度で続くと考えるべき理由もありません。これまでの進歩だって、きわめて不連続で、でこぼこで、ギクシャクしていたのです。

したがってわたしは、現状の完全雇用未満にとどまる不十分な回復は、人口増加の鈍化と、新規の大規模投資につながるような重要なイノベーションがないせいだと考えています。そして重要なイノベーションは、労働組合の強化や独占競争の台頭、市場での競争が価格競争ではなく高価な広告競争に頼りつつあることなどで抑えられてしまっています。そして、それを政策的に解決できたとしても、人口停滞により一人あたり所得の上昇は半減するでしょう。それを埋めるためには、減税による消費刺激、公共投資などを大規模に行う必要があります。しかしこれが、自由市場システムを破壊せずにどこまで実施できるかというのは大きな問題です。

すると選択肢としては、何もせずに自然の経済調整能力を信じるか、後先考えずに全力で公共投資をして完全雇用を実現するか、ということになりますが、わたしとしてはこの中間で、公共支出を強化しつつ、それが大恐慌前の水準に近づいてきたら減らす、というのが望ましいのではないかと考えています。これについては反論もあるでしょうが、いずれにしても人口増加の急激な鈍化がもたらす経済の激変に対しては、きわめて科学的で果敢な取り組みが経済学者に求められているのです。

（アメリカ経済学会会長演説）

解説：長期停滞論争とその意味合い

山形浩生

さてサマーズとバーナンキの論争はいかがだっただろうか？　本当なら、論争そのものについては、ここに訳した論説を読んでもらうのがいちばんいい。どれも講演やブログ投稿、一般向け記事なので、そんなに難しいわけではないし、数式も出てこない。論旨も明快だ。よけいな解説は、ことさら不要なはずではある。

でも、この解説を読んでいる人の中には、実物を読むだけの手間をかけたくないせっかちな人びともいるだろう。というわけで、以下にこの論争の簡単なあらすじを述べたうえで、この論争全体の意義とその後について考察してみよう。

1　長期停滞論争：あらすじ

サマーズの問題提起：アメリカ経済は長期停滞か？（二〇一三年）

この論争の口火を切ったのは、ローレンス・サマーズだった。その舞台は、恩師スタンリー・フィッシャーを記念するＩＭＦでの講演だ。

ローレンス（ラリー）・サマーズは、アメリカ（ひいては世界）の経済学業界では知らぬ者のない人物だ。かのポール・サミュエルソンを叔父さんに持ち、経済学の各種分野で大活躍を見せた後で（何か大きな分野を創設したというよりは、労働経済学、公共経済学、金融経済学などさまざまな分野で、実証的な研究を展開してきている）、世界銀行の副主任エコノミストを経て、クリントン政権では財務長官も務め、政策の実務担当者としても文句なしの経歴を持つ。一般的にもっとも有名なのは、ハーバード大学の学長になったが（映画『ソーシャルネットワーク』にもその頃のサマーズが登場した）、女性の能力をめぐる発言により（私見では不当に）辞任させられたことだろう。

さてこの講演での議論は、「はじめに」で述べた長期停滞の議論そのものだ。世界金融危機からの経済回復があまりに遅い。すでに最悪の危機は脱したと言ってから数年経ったのに、さまざまな指標はほぼそのまま。危機により、実際のＧＤＰは潜在ＧＤＰを大きく下回った。でもその後、潜在GDPを回復するだけの急成長はまったく見られないし、失業も高止まりしている。それを埋めるだけの需要が回復していない。

いやそれどころか、サブプライムローンにともなうバブルだと思われていたそれ以前の状況ですら、よく見るとおかしい。野放図な融資が乱発されたサブプライムローンで景気が過熱した、そのバブルが破綻したのが世界金融危機だ、というのがいまや一般的な理解となっている。でもその「バブル」の時期を見てみよう。その時期にインフレは起きていたか？　金利の上昇は見られたか？

全然ない。つまり、需要は全然高まっていなかった。景気も過熱していなかった。金融危機について書かれたいろんな本を読むと、当時の金持ち（特にウォール街の連中）がいかにとんでもない豪遊と成金趣味にふけっていたかが、実に扇情的に書かれている。それを見てぼくたちは、なるほど当時はバブルだったんだ、と思ってしまう。でも経済全体を見ると、まったくそんな様子はなかった。

これは何か変だ。緩すぎると思われていた金融政策も、実は景気全体を加熱させていなかった。金融危機以前から、総需要は不足していて、完全雇用を実現できていなかったんじゃないか？　そして今なお、その状態が続いているのではないか？　それがインフレや金利や失業率の現状からも示されているのでは？

だったら、金融危機後に行われた各種の「再発防止」とされる対策は、実はまずいんじゃないだろうか。だってそれは、総需要不足の状況で銀行融資に規制をかけ、金融引き締めを行うに等しいことだから。金融危機は、実はまだ終わっていないんじゃないか？　本当に景気を回復させ、金利が上昇するにはどうしたらいいんだろうか？　サマーズの最初の問題提起は、ここで終わる。

ちなみに、この講演は恩師スタンリー・フィッシャーを記念したものだ。その席にいたサマーズの同級生たちというのは、ブランシャールにロゴフにバーナンキという、みな重鎮すぎて、これだけ揃うとその場で現代経済学ブラックホールが形成されかねないくらいの人びとだ。そしてこの全員が、世界金融危機に際しては各種の場面で尽力し、その再発防止策を次の大きな課題としていた人ばかり。その全員に対してほとんどケンカを売るに等しいこんな講演をする知的な胆力には脱帽。この講演の様子は、YouTube にもあがっている。

サマーズの主張その2：総需要を補うためにインフラ投資を！

総需要がずっと（金融危機以前から）不足していたのでは、というのがサマーズの最初の問題提起だった。でも最初の講演では、それについて具体的にどうするべきか、という提案はなかった。それを行ったのが、この新聞論説だった。

いま明らかにアメリカのインフラは劣化している。公共教育も実に貧相な状態だ。金利はほとんどゼロなんだし、建設部門も含め失業者はあふれている。だったらいまこそ、政府が大量にお金を借りて、インフラ投資をやろうぜ！　金利はゼロに近いから、借金が雪だるま式にふくれあがることもない。失業者のための仕事もできる。インフラだから、恩恵にあずかるのも国内業者と国内の住民たちだ。そして将来の経済発展に資する大きな投資にもなる。万人にとってよい結果になるじゃないか！

『ボストン・グローブ』という一般紙の論説なので、主張は単純明快。長期停滞ということばも出てこない。でも、問題意識は同じだ。いまは需要不足なんだし、金利も低い。民間が投資しないなら、いまこそ公共投資の出番だ！　それにより、失業者（そしてその他の遊休資源）は完全雇用を実現するし、将来の経済発展に向けた基盤もできる。物理的なインフラの面でも、教育を通じた人的投資の面でも。そしてそれは、民主党と共和党のどちらも同意できる政策であるはずだ、と本稿は主張する。

実際、これはかなり多くの人にアピールする政策ではあるはずだ。ドナルド・トランプが選挙で公約し、みんなが少しは期待したのが、インフラ投資を通じて雇用を作るという公約だった。いまのところこの公約は実現されていないし、また出てきた案も、ラベルのつけ替えが多く、新規の歳出分はあまりなくて多くの人が失望した。でも、インフラ投資が経済政策として大きな可能性を持つこと自体は、まちがいないことではある。

これはアメリカだけではなく、日本でも同じことだ。そして、修繕費をケチると、見かけの支出は減っても、実は将来のインフラ劣化を考えればかえって損だ、というこの論説の指摘は、日本の各種インフラがすでに如実に示しつつあることだ。トンネルや新幹線の事故未遂や、文教予算の緊縮にともなう日本の研究開発の停滞などは、まさにそのあらわれだ。

サマーズの主張その3：財政政策と完全雇用

この講演で、サマーズは以上の二つの立場を統合させるとともに、理論的な裏づけも加える。まずサマーズが述べるのは、景気に対する循環的な見方と構造的な見方の、ある意味での統合だ。

そこに出てくるのは、ヒステリシスという考え方だ。ヒステリシスは、エンジニアの人ならよく知っているけれど、ある物体に力を加えたとき、その力をもとに戻してもその物体が完全に元の状態にもどらないことだ。これが経済でも起こる、というのがサマーズの主張だ。不況の原因となった各種の要因がなくなっても、不況は続いてしまうのだ。目先の需要がないから、民間も公共もそれにあわせた投資しかしない。それが続くと、経済そのものの規模が縮小し、本当に将来の経済が縮小して不況が続いてしまうのだ。

ではそのギャップを埋めるにはどうしたらいいのか？　不景気に対する通常の答えは金利の引き下げだ。金融政策により、お金を借りやすくして、利回りの低い投資でも実施されるようにすれば完全雇用が実現する。でも現状では、アメリカはゼロ金利に近いし、一部ではマイナスにすらなっている。それでも景気が鈍いということは、完全雇用を実現する金利水準はマイナスのはずだ。そしてインフレもゼロに近いから、実質金利をマイナスにすることもできない（インフレが五％なら、名目金利を三％に誘導すれば実質金利はマイナス二％になるけれど、そういう手が使えない）！

では何ができるだろうか？　答は、大規模な財政出動をすることだ。実需と潜在需要とのギャップを埋められるだけの大きな公共投資をして、完全雇用を実現すればいい。たとえばアメリカの場合、財政支出をＧＤＰの一％相当の金額だけ増やせば、それが経済全体を活性化して、すぐに元はとれてしまう。特に、経済にヒステリシスがある場合にはそれが顕著だ。大規模な政府の投資が民間投資を圧迫するどころか、クラウディングイン、つまり投資の呼び水にさえなる。つまりいまのゼロ金利下では、財政を再建するために緊縮財政をしろ、という普通の常識が通用しなくなる。むしろ赤字財政を大きく拡大するほうが、財政再建に貢献する！

ここで述べられているのは、現在の不景気に対する循環的な見方と構造的な見方の折衷案ともいえる。目先の不景気は、一時的な要因で起きている。循環的とさえ言っていいかもしれない。でもそれに対して何もしないことで、それがヒステリシス効果により固定化してしまい、本当に構造的なものになってしまう。そうなったら、長期停滞が本当に実現してしまうことになる。そしてゼロ金利の状況では、いままでの経済学の常識とは逆のことが成り立つ可能性が高い！

日本のアベノミクスに関するアカデミックな議論を見ていた人なら、この主張に見覚えがあるだろう。ポール・クルーグマンは、二〇年近く前からゼロ金利の流動性の罠状態においては、これまでの経済学の常識とは反対の現象が起こると主張してきた。責任あるしっかりした金融政策より、野放図で無責任なインフレ性の経済政策こそが経済を発展させるし、財政出動も民間投資から資金や人材などを奪ったりしない――この長期停滞論争は、実はまさに流動性の罠をめぐる議論の再演でもある。

ただし余談ながら、サマーズは実はクルーグマンの流動性の罠議論にあまり納得していないのだという。[*1] クルーグマンはモデルの中で、流動性の罠が長期的には自然に解消されるという仮定をおいて、インフレ期待によりそれを前倒しにできるという立論をしている。これがサマーズには非常に恣意的に見えるという。だからこそ、サマーズは金融政策より財政政策を重視するのだ、と。とはいえ、この二人の差は長期停滞論の実務的な議論においては、そんなに大きな対立点とはならないようだ。

バーナンキの反論1〜3：長期停滞VS.世界的貯蓄過剰

さて、サマーズの主張は二〇一四年の間にあちこちで話題となり、賛同する人もいれば疑問視する人もいるという、百花争鳴の状態となった。そして二〇一五年になり、このサマーズの主張に対して正面からの反論を展開したのが、かのベン・バーナンキだった。

バーナンキはもちろん、FRB議長として金融危機の対応で獅子奮迅の働きを見せた人物だ。もともとの専門である一九三〇年代大恐慌の教訓から、市場の流動性を何としてでも維持させようとした。そのために、まずはシャドウバンキングとして従来の銀行規制の外で動いていた（そして金融危機の最大の原因となった）投資銀行を、無理矢理市中銀行に合併させた（このときの、ほとんど恫喝めいたやり口は、さまざまな金融危機ドキュメンタリー本で記述されている）。そしてその銀行に対し、「なんとかファシリティ」という得体の知れない仕組みをその場ででっちあげて流動性を大量に供給し、銀行の破綻を断固として回避させた。そしてその後もあれやこれやの活動で、金融危機が大恐慌よりもひどい事態に陥りかねなかったのを阻止した。もっとやれとか、他を助けたのにリーマンブラザースだけ破綻させたのは云々とか、長期的には禍根を残すとか、そ

＊1 Larry Summers "Paul Krugman and me on secular stagnation and demand," *Financial Times*, November 2, 2015. 〈https://www.ft.com/content/2069a334-4171-36af-87b6-c6829a905146〉

の後の対応が弱腰だったとか、ケチをつける声はいろいろある。でも全体として、バーナンキの活躍ぶりについては、その論敵ですら不承不承ながら認めている。

そして二〇一四年、金融危機後の尻ぬぐいをおおむね終えたかれはFRB議長の座をジャネット・イェレンに譲り、二〇一五年になって自分のブログを始めた。その最初のネタとして選ばれたのが、サマーズの長期停滞論だった。

実はこのバーナンキ、サマーズが最初に長期停滞論を提起した、スタンリー・フィッシャー記念講演の場にいた。バーナンキとサマーズは、フィッシャーの門下生として大学院の同級生でもあるのはさっき述べたとおり。だからこそ、サマーズもバーナンキの業績にケチをつけたととられかねない主張もできるし、またバーナンキのほうも、サマーズの議論を全面的に疑問視するような主張も平気でできる面もあるだろう。

まずバーナンキは、現在の世界がきわめて低金利だということは認める。先進国の国債利率はゼロかマイナスだ。たしかにこれはサマーズの言うとおり異常だ。そしてこれは、別に中央銀行がわざとそんな水準に金利を抑えているのではない、とバーナンキは述べ、金利の決定メカニズムについて手際のよい解説を述べる。結局のところ、金利の水準は市場が決める。投資需要とお金との釣り合いが金利を決めるという話だ。これが第一部。

では……現在のすさまじく低い金利水準——サマーズが長期停滞の証拠としたもの——は

なぜ存在するんだろうか？　これが第二部だ。

そしてそこでバーナンキは、サマーズの主張を基本的に疑問視する。金利マイナスなどという状況がいつまでも続くものだろうか？　もしそうなら、ほとんど何をやっても収益性が確保できる状況になってしまう。サマーズは、金融危機前も完全雇用がなくて需要不足だった、サブプライムですら景気過熱にはならなかったという。でも、それはたまたま原油価格の高騰や貿易赤字など、他の要因が働いただけだ、という研究もある。サマーズの主張は本当に妥当なんだろうか？　これが第二部だ。

そしてバーナンキがほぼ決定的に長期停滞論を否定するのが第三部となる。何よりも大きなポイントとして、サマーズはアメリカだけを見ているんじゃないだろうか？　アメリカが停滞して需要不足でも、世界の他のところには需要があるはずだ。するとアメリカで行き先のないお金が外国に行き、外国で需要を創り出して輸出増でアメリカ経済を刺激し、回復するのでは？

でも、現実にはゼロ金利が続いている状態がある。これはどう説明するんだろうか？　バーナンキが持ち出すのは、世界的な貯蓄過剰だ。中国や中東、ヨーロッパの一部では、政策的な思惑でやたらに外貨準備を貯め込もうとしている。中国は輸出依存経済だったから、そのための外貨が必要だ。中東諸国は原油高が続いたので、外貨を温存しているし、ヨーロッパはやたらに貿易黒字を維持したがっている。これはこうした国々の経常収支の黒字拡大にあらわれている。おかげで、お金が投資に向かわないでブタ積みされている。このため、金利がいっこうに上がらないのだ、というわけだ。サマーズの主張するような、投資不足のせいではないいんじゃないか？

もしそうなら、政策的な対応も変わってくる。いま、こうした国々も状況は変わりつつある。中国は内需転換を進めているし、原油価格は下がって中東の貯め込みもおさまった。ヨーロッパ（特にドイツ）は困ったものだけれど、これもいずれは改善される。だったら、何もしなくてもいずれアメリカの輸出が増え、景気は回復し、金利は上がり、問題解決ではないだろうか？何もしないのはアレだから、そうした国々の貯蓄過剰政策を逆転させるような、規制緩和を進めるのはありだろうけれど……

バーナンキのこの議論は、まさに景気の循環論だ。いまの異常に見える状況――回復の遅れ、失業、低金利――はあくまで各種要因が複合的に作用した一時的な現象にすぎない、というわけだ。何よりも大きいのが、外国の政策的な貯蓄過剰で、話し合いなどで解決したほうがいいのかもしれないけれど、これも環境が変わってきたのでドイツを除けばほぼ終わりかけている。それなら、長期停滞なんていう話を持ち出さなくてもいいのでは？ぶっちゃけ、何もしなくていいんじゃないか？

サマーズの反駁：日米欧がみんな不景気なのに、アメリカは本当に外国に投資できるのか？

バーナンキの、かなり好戦的にも見える主張に対してサマーズの反論は、全体としてかなりの点で両者の意見が一致しているんじゃないか、ということだ。ただしバーナンキの考えは、いくつかの点についてはあまりに理念的すぎるんじゃないか、とサマーズは主張する。ゼロ金利はいつまでも続かないというけれど、でも実際にはゼロ金利は現実世界で結構見られるし、続いている。財政赤字をどこまで続けられるか、という点についても悲観的すぎる。

そして外国に投資機会があるから長期停滞は起こらないのでは、というバーナンキの最大の論点に対してサマーズは、アメリカに匹敵する（つまりはアメリカの投資先として十分な規模を持つ）経済圏、つまりヨーロッパと日本も、低成長とゼロ金利に苦しんでいることを指摘する。たしかに理屈から言えば、バーナンキの主張は成り立つかもしれない。でも現在の世界経済では、外国への投資と貿易を通じた低金利脱出が（少なくともアメリカ経済にとって）本当にできるか怪しい、と指摘する。下手をすると、長期停滞は世界的規模で起きているのでは？

これを考えたとき、バーナンキが主張する貯蓄過剰については、ある意味で長期停滞と同じことではないか、とサマーズは述べる。それが存在するのは事実。でもそれは長期停滞論を否定する材料になり得るんだろうか？

クルーグマンの（サマーズ寄りの）両成敗議論

この論争について、要領のよいまとめを提示したのがポール・クルーグマンだ。

クルーグマンがだれかについては、あまり説明の必要もないだろう。収穫逓増（規模の経済）に基づく新貿易理論を構築し、それを経済地理学にも応用した業績でノーベル経済学賞を受賞しており、また経済学の一般向け解説書やコラム、ブログなどでも大人気を博している経済学者だ。貿易とともに、為替や国際金融の研究でも知られており、通貨危機の経済学でも第一人者となる。

そしてもちろん、一九九八年からは日本経済の分析を通じて、日本は流動性の罠（つまり名目金利をゼロ以下に下げられず、デフレ下で均衡実質金利を実現できないこと）にはまっていることを指摘し、この状況では伝統的な金融緩和が効かず、非伝統的な手法によるインフレ期待の醸成を通じた景気回復（リフレ政策）の可能性を指摘した。これがアベノミクス（の金融部分）の基礎になっていることはご存じのとおり。

そしてさっき述べたように、長期停滞論争はまさに、ゼロ金利下での景気刺激策のあり方についての議論なので、クルーグマンの業績はこの論争にも直結する。リフレ政策のもとになる一九九八年の分析「復活だぁっ！」[*2]「日本がはまった罠」[*3]で、クルーグマンは当初、流動性の罠というのが貿易や国際投資の存在する国際開放経済では起こりえないことを示そうとしていた。国内に投資先のないお金は、外国に行けばいいだけだからだ。まさにいまの議論でバーナンキが主張したとおりのことだ。

ところが、モデルを組んでみると、流動性の罠は開放経済でも十分に起こりえることが示されてしまった。国内で余ったお金は、必ずしも外国に流れるとは限らない。実際、日本ではそんなことは起きず、低成長とデフレがいつまでも続いた（いまも続いている）。

なぜかというと、かいつまんで言えば日本はデフレだったからだ。だから名目金利はゼロでも、実質金利で言えばプラスで、外国の実質金利と比べてもあまり見劣りはしなかった。だから、お金は外国に流れなかったし、バーナンキが主張したような調整も起こらなかった。

だからバーナンキの主張は、理論的には必ずしも妥当ではない、というのがクルーグマンの主張となる。長期停滞論に対するバーナンキの最大の批判点、国際的な観点が欠けているという指摘は、必ずしも決定的なものではない、ということだ。

特にそれは、現在のヨーロッパと日本の状況を見ればなおさらいえる。債券市場を見ると、ユーロ圏が長期的にもそんなに回復するとは思われていない。ヨーロッパも需要不足の長期停

＊2　『クルーグマン教授の〈ニッポン〉経済入門』（春秋社）所収。
＊3　『クルーグマン教授の経済入門』（ちくま学芸文庫）所収。

滞状態だ。いやむしろアメリカよりヨーロッパのほうがひどい（いわんや日本は……）。バーナンキの言うような、資本の流出先にはとてもならない。これはサマーズの言うとおり。

すると、個別論点はまったく異論がないところではあるけれど、何もしなくていい、というバーナンキの政策主張は甘いかもしれない。やはりサマーズの言うとおり、がんばって自国での需要喚起をする必要があるのでは？　これがクルーグマンの結論だ。

長期停滞論争のあった二〇一四―二〇一五年の時期、クルーグマンは他にも流動性の罠に関する論考を見直したり、ゼロ金利下では財政出動が常識とは正反対の効果を持つことを示したりする各種の研究を発表している。その結論は、おおむねサマーズの述べているものと同じだ。一九九八年の日本についての議論では、財政出動は財政破綻を引き起こしかねないので金融政策重視の立場だったけれど、いまやクルーグマンも、ゼロ金利下では財政政策がまったくちがう意味あいを持つことを主張するようになっているのだ。

クルーグマンによる人口増加論

さて、これまでの議論の中では、サマーズもバーナンキも、アメリカが（あるいはその他経済が）長期停滞に陥る原因についてはあまり論じていない。理由はどうあれ、経済の均衡金利がマイナスになり、低インフレとゼロ金利が定着してしまった、というところから話が始まり、それによる需要不足が低投資を引き起こす悪循環により長期停滞が起こる、というのがその議論だ。

でも世間的には、長期停滞論争で必ず出てくるのが人口をめぐる議論だ。人口増加の鈍化は、他の条件が同じであれば経済成長も鈍化させる。これが長期停滞の大きな要因なのだ、というのはきわめてよく見られる主張だ。もちろん日本のデフレに対しても、「人口減少と高齢化があるんだから仕方ない」といった議論が見られ、日本銀行の白川前総裁が、デフレ対策をとらない理由としてこれに言及したこともある。

またトマ・ピケティは『21世紀の資本』で、今後の経済成長停滞の大きな根拠として、人口増加の停滞を挙げていた。二〇世紀の経済成長はおおむね年三%程度。でもそのうち半分は、人口増加にともなう成長だった。それが今後は世界的に下がるので、経済成長もその分が消え、好意的に見ても今後の経済成長は年一・五%がせいぜいではないか、というわけだ。

クルーグマンのこのコラムは、人口増加がたしかに重要だけれど、本当であれば高めのインフレの下で金利引き下げを行い、投資を確保すれば対処できるものだ、と主張する。ただし、現在の政治社会的な環境では、必ずしもこの比較的簡単なはずの対処ができていないし、またできないかもしれない。これは本当に長期停滞の原因になりかねないので、大きな問題だ、とかれは述べる。

長期停滞論争の中では、このコラムはちょっと脇道にそれたものではある。でも今回の長期停滞論争を理解するにあたり、「人口減少だから仕方ない」という議論も脇道にそれたものではあるのに、この論争を紹介した論説などでは結構言及が見られる。それもこれまでの日本の成長は人口増加にともなう人口ボーナスでしかなかったんだから、いまの経済停滞は仕方ないのだ、という文脈だ。それが決して妥当ではないのだ、という理屈はこの簡単なコラムでおさえておいてほしい。

バーナンキによる総括：長期停滞論と日本

さてサマーズの反駁が出てから、バーナンキが長期停滞論について大きく論じたりすることはなかった。おおむね双方の論点は出尽くしたということだろう。

でも二〇一七年五月になって、バーナンキが来日して日本銀行で講演を行ったときに、この長期停滞の議論について言及した。そしてその主張は結局のところ、長期停滞論はそれなりにポイントをついているし、自分の貯蓄過剰論と相容れないものでもなく、むしろ両立するのだ、ということだった。そして、その長期停滞論の議論がまさに当てはまるのが、（サマーズが最初の講演以来何度も述べているとおり）この日本であり、いまの日本で実施すべきなのが（サマーズの意見のとおり）大規模な財政出動なのだ、ということだ。

まず冒頭でバーナンキは、いまの日本のようなゼロ金利状況にあっても、中央銀行にできることはいろいろあるのだ、という点を再確認する。でも同時に、自分がFRB議長になってみたら、デフレ脱出が思ったほど簡単でないことを身をもって思い知ったと反省の弁を述べる。

それを前提に、バーナンキは日本が二%のインフレ目標を堅持するのが重要だと述べる。日本の経済は、実はそんなに悪くない面もあるし、またデフレが解消されないのも仕方ない面もある。でも将来的に普通の金融政策ができるようにするためにも、インフレ二%はがんばって実現したほうがいい、と。

さらにアベノミクスについて、それが成果をあげつつも、デフレ脱出はギリギリで、二%のインフレ目標にはほど遠いことを指摘する。その理由は、完全雇用を実現する金利水準がマイナスになっていて、長期停滞論で指摘された条件がまさに当てはまってしまっている、ということだ。そして、世界的な貯蓄過剰があるので、日本は余ったお金を外国にも投資できない、と。だから金融政策はインフレ期待に働きかけて、実質金利をマイナスにするしかないけれど、これもそろそろ限界かもしれないと指摘する。

なら日本はどうすべきか？ まずはインフレ期待を上げるために、足もとのインフレを上げようとする手がある。政府が民間に対して賃上げを要求しろ、と(!!)。そしてもう一つは、金融政策と財政政策の連携だ。金融政策だけでなく、大きな財政出動もやれ、と。歳出パッケージと減税を実施しつつ、それを日銀が支えるようにしろ、と。ついでに、その財政出動で、アベノミクス第三の矢の構造改革もやったほうがいいという。これをやらないと、デフレに逆戻りしかねず、これまでの努力がすべて水泡に帰すかもしれない、とバーナンキは警告して講演を終える。

バーナンキの長期停滞論に関する議論が、本書で紹介したブログでの主張からは後退していることは明らかだろう。ブログでは、長期停滞論は外国への投資機会があるから起こらないと述べていた。世界的な貯蓄過剰はそれを阻害はする。でも各国の政策や環境の変化で解消されるから、長期停滞に見えるものも自然におさまる、と。でもこの講演ではまず、外国への投資機会は日本にはなかったことを認めている。その原因だったとされる貯蓄過剰は、失われた何十年かの間に解消されることはなかった。つまるところ、これはサマーズによる反駁をほぼ全面的に受け入れたに等しい。

そして、日本の直面している長期停滞に対する処方箋として出てくるのは、まさにサマーズが主張していた大規模な財政出動だ。アメリカだけを見れば、バーナンキの長期停滞懐疑論も成り立ったかもしれない。でも日本を見る限り、サマーズの長期停滞論を認めざるを得ない、というところだろう。財政出動でうまくいくかどうかは、バーナンキも明言していない。でもそれ以外の手口がもはやあまり残されていないのも事実ではある。そしてそれをやらなければ、元の黙阿弥……。

なお、かれがまさにこの講演を行っている映像がYouTubeにあがっているので、興味ある方はご覧あれ（https://www.youtube.com/watch?v=7wIv7OvdbCk）。基本は、ここに訳出した原稿をほぼそのまま朗読しているだけだし、TEDのようなキャッチーな演出もないけれど、その実直な感じがバーナンキらしくもある。

2　長期停滞論の現在

さてこの論争の後で、長期停滞論はどうなったのだろうか？　そもそもこの論争は、どっちが勝ったというべきなんだろうか。最後のバーナンキ講演を見ると、なんとなくサマーズの優勢勝ちのような感じだけれど……。

実は必ずしもそうとは言えないのだ。

この議論は、経済学方面では大きな話題を呼んだ。そしてさまざまな立場から、この議論の是非についての議論が行われた。そのまとめとしては、たとえばバーナンキも挙げているVOXによる二〇一四年の電子本「Secular Stagnation: Facts, Causes and Cures」などがある。そこに収録された議論は多様で、たとえば歴史家のジョエル・モキールなどは、長期停滞なんてありえない、これまでの各種停滞論はすべてまちがっていたし、人間の創意工夫はそんなくだらない悲観論を蹴倒すのだ、と述べている。が……これまでのサマーズとバーナンキの論争をご覧になればわかるとおり、これはいささかピントはずれだ。問題は、それが自然に何もせずに解消するのか、特にこのゼロ金利環境でそれが可能なのか、ということなんだから。

その一方で、リチャード・クーは同書で十八番のバランスシート不況について論じ、それをもとに赤字財政出動こそが重要だと指摘する。金融政策だけでは、バブルと金融不安定化が生じるだけだ、と。長期停滞論を基本的には妥当なものとする見方といえるだろう。

これ以外にも二〇一五年頃は、あちこちでこの議論に対する言及が見られた。そして……その後、この長期停滞論をめぐる議論は少し下火になってきている。本書に収録したバーナンキの講演は、長期停滞論を目にする久々の機会ではあった。それ以外では、サマーズが自分のサイトで繰り返し言及する以外にはなかなかお目にかかれなくなってきている。

もちろんこの主張がかなり受け入れられてきたので、もはやあまり議論にならないという面もある（サマーズはそう主張している）。でももう一方で、アメリカ経済がだんだん回復をとげていったということも大きな理由だ。失業率はかなり下がった。そしてそれにともない、インフレ率も上がりはじめた。それを受けて、ジャネット・イエレンFRB議長（当時）も金利引き上げに動いた。余談ながら、こうした好調なアメリカの景気について、ドナルド・トランプ大統領はさも自分の手柄であるかのようなツイートをしきりにしている。ほとんどは例によって大風呂敷で、経済成長のかなりの部分はオバマ政権の政策がだんだん実を結んできた結果だ。ただし実は、トランプの政策も減税や規制緩和などで、結構サマーズ的な長期停滞対策に近い部分があったりすることは認めざるを得ないし、二〇一八年に入ってからのアメリカ経済の好調ぶりはそうしたトランプの政策による部分もあるだろう。

またアメリカに続き、ユーロ危機で大混乱を続けていたヨーロッパ圏もやっと少し回復が見られてきた。PIGSと蔑まれた周縁国の相対賃金などの調整が、大きな犠牲を強いながらもなんとか進み、失業率の改善や経済成長の回復が見られる。まだユーロ問題はいっこうに解決していないし、イギリスのEU離脱がどんな影響を持つかもはっきりしない面はあるけれど、それでもギリシャが破綻恫喝を繰り返していた二〇一二年以来の状況からは劇的な改善だ。

そして世界の金利もジワジワと上がりはじめている。次頁の図のように長期停滞論絶頂期にはー%を下回っていたLIBOR（世界の民間短期金利のベンチマーク）が、すべての期間で二%を超えている。もはやサマーズが懸念していた世界的な低金利状況ではなくなりつつある。

するとと結局のところ、サマーズの議論は、少し気が早かったという見方もできそうだ。長期停滞に見えたものは、ひょっとすると一時的な現象にすぎず、短期的な調整が長引いていただけなのかもしれない。バーナンキが述べたとおりだ。

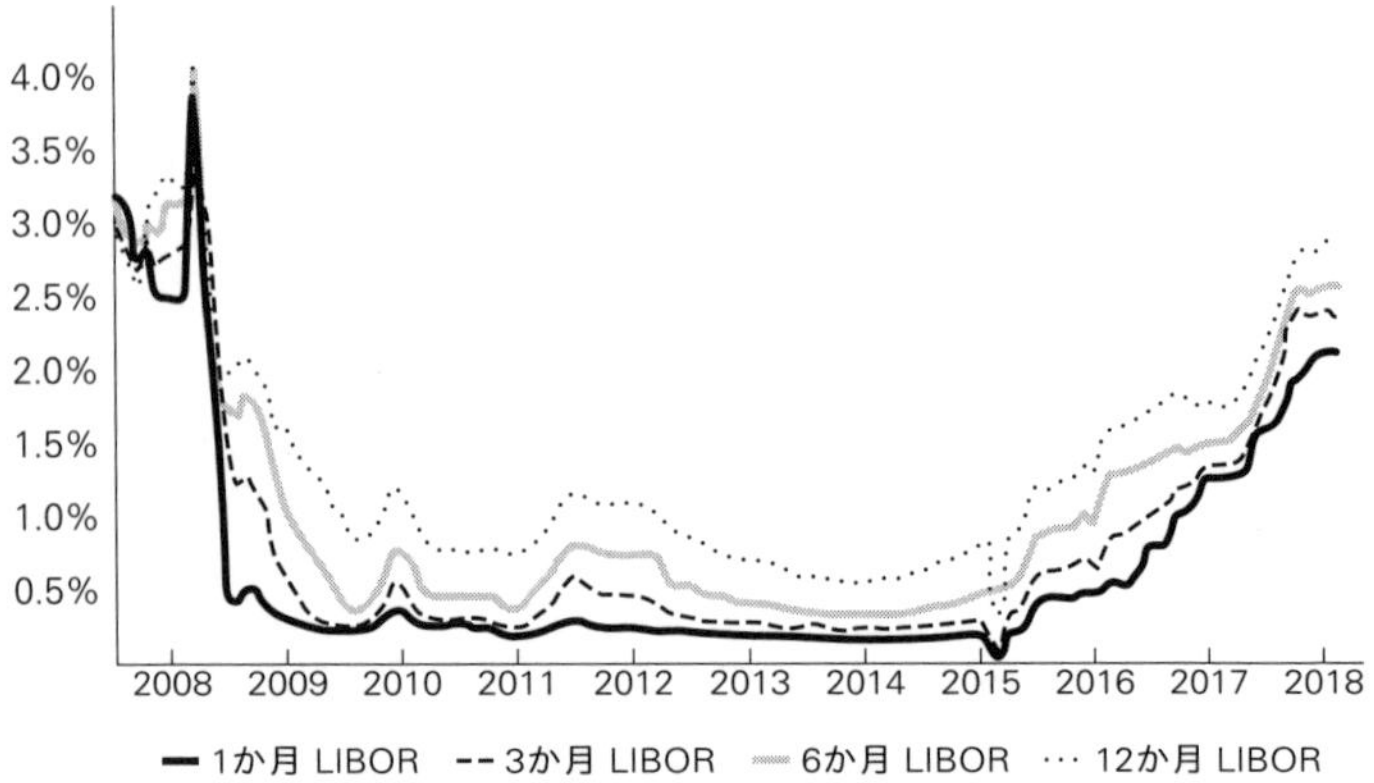

図　LIBOR（2008-2018）　出所：Macrotrends.net

サマーズ自身は、二〇一八年になっても長期停滞のリスクはまだあると主張していた。サマーズが期待していたような、需給ギャップを埋めるような急激な回復はたしかに見られないし、その意味で本当に完全雇用に向かっているといえるのかは、まだ多少は議論の余地はある。でもこれを見ると、どちらかと言えばバーナンキの勝ちとも言いたくなる。少なくとも、アメリカと、そしてそれよりは下がるけれどヨーロッパについては。

でも、唯一この日本については話がちがってくる。日本だけは、まさにサマーズが指摘した長期停滞論そのものの状況になってしまっている。これはすでにご覧いただいたように、バーナンキが日銀での講演でも述べていることだ。日本も、たしかに景気回復は見られる。でもかなり弱い回復だし、デフレ脱出も実現できておらず、マイナス金利が続いている状況だ。

すると、勝ち負けで言えばほぼ引き分けというところだろうか。少なくともアメリカとヨーロッパについての景気回復を見ると、停滞の長期化に見えたものは調整の遅れかもしれず、バーナンキの見立てに分があったとはいえる。でも議論の枠組みとしては、バーナンキの提示した世界的な貯蓄過剰は長期停滞論に対する決定的な反論にはなっていなかったし、そこから導かれる政策の面では、サマーズの主張に分があった。そして日本についてはまさに、長期停滞がほぼ実現してしまっている！

3 おまけ：ハンセンの長期停滞論

さて、この長期停滞論争では、必ず名前が挙がるのがこの議論を一九三〇年代に提唱したジェームズ・ハンセンだ。通常は、ハンセンは長期停滞を主張したけれど、その後第二次世界大戦が起きてかれの予想は完全にはずれました、という一節がきておしまいだ。でも、かれはいったい何を主張していたのだろうか？　それについても本書では抄訳として触れておいた。

ハンセンは、アメリカにおけるケインズ経済学の推進者として有名だ。実はアメリカでは、ケインズ経済学は当初、かなり忌み嫌われた。公共支出と政府の重要な役割を主張するケインズ経済学は、政府に頼らない市場重視を旨とするアメリカ（特に保守派）では、増税（＝政府の搾取）を正当化するアカの社会主義の一派だとされ、ケインズの『雇用、利子、お金の一般理論』は二〇〇五年時点でも、一九世紀と二〇世紀の危険文書ベスト一〇に挙げられたりするほどだ。ハンセンも当初はケインズの主張に懐疑的だったけれど、その後完全にそれを受け入れるようになる。そしてケインズ経済学のもっとも明解な定式化の一つである、IS－LMモデルの構築にも貢献した。一九三八年には、アメリカ経済学会の会長を務めている。本書で要約したのは、このハンセンのアメリカ経済学会総会における会長演説だ。これはかれの一九三八年の著書『完全回復か停滞か？』の簡単なまとめでもある。

ハンセンがこの演説で主張したのは、アメリカの経済構造が変化しているのではないか、ということだ。一九二九年のブラックマンデーに端を発する一九三〇年代初頭の大恐慌が落ち着いてかなりたつのに、一九三八年になっても経済はいっこうに回復の兆しを見せない。それはアメリカの経済構造変化が原因ではないか、特に人口増加の伸びの低下、つまりは少子高齢化が原因ではないか、ということだ。一九世紀のすばらしい成長の時代が終わり、いまや成長が確実ではなくなった。もはや新しい植民地による成長はありえない。移民による人口増加も望めない。すると、経済成長を維持するためにはイノベーションに頼るしかないけれど、それもまた不確実だ。あとは公共投資で需要を埋めるしか道はないようだけれど、それだと財政赤字がかさむので、どのあたりを落としどころにするかが悩みどころ、いずれにしても新しい経済状況に対応した新しい経済理論をみんなで考えましょう、というものだ。

みんな述べているとおり、この主張は結局のところ、ほぼあらゆる面ではずれ、長期停滞論は忘れ去られた。そして現代の長期停滞論争でも、このハンセンの主張はおおむねボケ役に使われるだけではある。

でも……このハンセンの議論、既視感がないだろうか。

このハンセンの議論、まさに最近の日本についていろんな人が主張していることとまったく同じだ。少子化、有望なイノベーションの枯渇、それにともなう経済成長の鈍化。ちなみにこれは、ピケティが現在について述べていることとも同じだ。人口増加は遅くなり経済成長は鈍化する。イノベーションも予想がつかず、何が起こるかわからない。経済構造は激変し、これまでの常識は通用しない……。

その後の成り行きを知っているぼくたちからみれば、二〇世紀初頭においてこれほど的外れな議論もない。特に一九世紀こそが安定したイノベーションの時代であり、もはや二〇世紀には新しいイノベーションなんてありえるかどうかもわからない、というこの議論は、二〇世紀のすさまじい技術進歩を知っているぼくたちからすれば、「おまえは何を言っているんだ」(©ミルコ・クロコップ)的なナンセンスに思えてしまう。旅客機だって電気通信だって計算機だって、当時、無限の可能性が広がっていたのは明らかじゃないか！ そしてもちろん、この後には一大ベビーブームがやってくる。ベビーブームは予想できなくても、その後ありえる技術的な可能性くらいはわかりそうなものじゃないだろうか……。

そう思えるのは、たぶん岡目八目、というやつなんだろう。というよりむしろ、このハンセンの議論の不足をもとに、ぼくたちはサマーズの主張の慧眼を理解しやすくなるのではないか。一九三〇年代は、大恐慌が終わった後も景気停滞とデフレが続いた時期だった。その時点では、ハンセンの主張も筋が通ったものだった。では、なぜハンセンの議論は的外れなものになったんだろうか?

一九三〇年代の不景気とデフレが終わった理由については多くの議論がある。一つの主張は、ニューディール政策、さらには第二次世界大戦というすさまじい公共支出が行われたからだった、というものだ。それにより経済は完全雇用となり、景気は回復したという。一方では、それが金融政策のおかげだという説もある。一九三一年から一九三三年にかけ、イギリスとアメリカが金本位制を離脱して拡張的な金融政策に移行したおかげだ、というわけだ。

もちろん、この両者の間でいろいろ論争はあるけれど、でも財政政策と金融政策の片方しか効かなかったと考えるべき理由もない。どっちも大きな役割を果たした、というよりおそらくは、その両方があったことで一九三〇年代のぬるい経済状況からの脱出が実現されたと考えるべきだろう。

さて、ハンセンの議論はまちがっていたという。でも、不景気とデフレというそのままの状態が続いていたら、はたしてハンセンの予言ははずれただろうか？

この大きな財政出動と金融緩和がなければ、停滞した経済状況はいつまでも続いたのではないだろうか。結果としてインフラ面でも人材面でも非常に低い整備水準が続いて、研究開発もそのレベルに見合ったちょぼちょぼな程度にとどまっただろう。するといまのぼくたちが当然だと思っている各種のイノベーションもあまり起こらなかったはずだ。そしてその低い生活水準での停滞は、ひょっとしたら人口面での影響ももたらしたかもしれない。するとハンセンの予言は当たってしまったのではないだろうか。

サマーズが恐れていたのは、まさにそういうことだった。停滞を放置すれば、当初は一時的な現象でしかなかったものが、まさに構造的なものに変わってしまい、停滞が自己成就的になってしまう。だからこそ「長期的にはよくなる」と言って放置してはいけない。二〇世紀のイノベーションが生まれ、ハンセンの予言がはずれたのは、まさにそうした大幅な赤字財政発動と、金本位制を離脱した金融政策緩和により完全雇用がもたらされたからでは？　そしてその後のベビーブームは、完全雇用による生活の安定、さらに車や家電などにともなう生活水準の革命的な改善のおかげで生じたのではないだろうか？

ハンセンの長期停滞論と、サマーズの「新長期停滞論」を比べたときに明らかになるのは、経済の「構造」というのがイノベーションであれ、人口動態であれ、必ずしも経済と無関係に勝手に決まるものではない、ということだ。完全雇用の実現により、すべてのリソースを有効に活用することで、経済の構造そのものも変えられる可能性がある。逆に構造に関する悲観的な見方は、まさに自己成就的にその悲観的な構造を固定化してしまいかねない。

4 長期停滞論争の意義と教訓

ではまとめよう。

今回のサマーズVS.バーナンキを中心とする長期停滞論争は、現在の経済停滞が需要不足により生じているというサマーズの認識から始まった。それが続いているのは、均衡実質金利がマイナスなのに低インフレ／デフレが続いているため、その均衡金利を実現できないからだ。金利は下がりたいのにこれ以上下がれない。だから投資も低調で、総需要が不足する。そしてそれが続けばインフラや教育の劣化、技能喪失を通じて、経済全体が収縮し、停滞した状態がロックインされてしまう、というのがその主張だった。

これに対してバーナンキは、ゼロ金利の持続性に疑問を提示し、開放経済では需要不足で余った資金が外国に投資され、外国の需要が増えて輸出増になることで完全雇用が達成される可能性を指摘した。それがこれまで起きなかったのは、中国や中東、ドイツなどの政策的な貯蓄過剰によるもので、短期的に解消されるはずだ、と。

サマーズはこれに対し、貯蓄過剰の存在は認めつつも、アメリカが余剰資金を輸出できるほど大きな経済圏であるヨーロッパも日本も、アメリカを上回る長期停滞になっていることを指摘する。そしてクルーグマンは、デフレ環境では実質金利が高止まりして、外国の投資機会があまり魅力的に見えない可能性があることを指摘した。

バーナンキは、この指摘を受け入れたようではある。そしてサマーズ的な投資不足/需要不足による長期停滞と世界的な貯蓄過剰の両方が、現在の低迷する経済状況を引き起こしていると述べる。

でもこの論争におおむね片がついたそのとき、世界経済はだんだん回復を始めた。アメリカの景気は上向き、失業率も下がって完全雇用に向かいはじめた。また同時に、金利も明らかな上昇を開始した。ヨーロッパさえ、回復の兆しが見えはじめた。サマーズが懸念していたような状況はほぼ終わったかに見える。ただしサマーズは二〇一八年になってもまだ、長期停滞の議論は終わった話ではなく、依然として重要性を持つと主張し続けているが。

でも唯一日本だけは、そうなっていない。日本でも雇用は回復しつつあり、また実質成長は続いている。でも金利は上がらず、デフレもおさまったとはとても言えない状況になっている。

そしてここでは明らかに、サマーズが述べたような需要不足にともなう投資不足が、本当に経済のキャパシティを引き下げて停滞がロックインされてしまうような状況が続いている。

そうした状況に対するサマーズの処方箋は、需給ギャップを埋められるだけの大量の公共投資だった。ゼロ金利なんだから、いくら借りても困ることはない。失業者がいるんだから、その人たちにどんどん働いてもらって、インフラの補修と改善を行おうじゃないか！　ゼロ金利で失業がある状況では、そういう公共投資はむしろ民間投資の呼び水となり、経済全体の回復にともなって財政状況は数年でむしろ好転する！

そしてバーナンキも、長期停滞論争をふまえつつ、日銀での講演で同じ結論に達している。アベノミクスは健闘しているけれど、そろそろ頭打ちかもしれない。金融政策と連動した大規模な財政出動が日本には必要ではないか？　それをやらなければ、下手をするとこれまでのデフレ脱出の努力すら水泡に帰してしまうかもしれない！

さて、この長期停滞論は新しい議論といえるだろうか？　必ずしもそうではない。

これは、今回の論争が一九三〇年代にハンセンが述べた、オリジナルの長期停滞論と同じ、という意味ではない。すでに述べたとおりハンセンの長期停滞論はむしろ、人口構造やイノベーションの現状（当時）に基づく構造的な議論だった。これに対してサマーズの長期停滞論は、そうしたいまの停滞の原因についてはまったく触れない。いまの停滞は、理由はどうあれ均衡実質金利がマイナスになり、低インフレ環境ではマイナスの均衡実質金利を実現できないために完全雇用が起こらず、需要不足が続くことによるものだ。それがヒステリシス効果を通じ、将来的に構造化されかねないというのが懸念だ。サマーズ自身はこのちがいをよく理解していて、自分の議論を新長期停滞論と呼んでいたこともある。

その一方で、すでに何度か述べたとおり、この長期停滞論の主張は、理論の大枠でも政策提言的にも、流動性の罠とゼロ金利状況での経済政策をめぐる各種の議論と同じものだ。サマーズがクルーグマンの流動性の罠議論に納得していないそうだけれど、その差は非常にテクニカルなものだ。その意味でこれは必ずしも新しいものではない。

さらにこれだけ多くの議論が展開されたとはいえ、結局のところ得られる結論と政策的な含意は、実に基礎的なIS-LMモデルから出てくるものと同じだ。金利のゼロ下限に達し、流動性の罠にはまってしまったら、IS曲線とLM曲線を一気に上に動かすようにすればいい。つまりは、大規模な財政出動と、大規模な金融緩和を両方やればいい。これはたとえばロバート・ゴードンのマクロ経済学入門教科書第八版で、日本の状況に対する処方箋として（そしてIS-LMモデルの練習問題として）提示されていたものだ。

では、長期停滞論争の手柄はどこにあったのか？　なぜこの論争は、その筋で注目されたのだろうか？

一つは明らかに、ネーミングとプレゼンテーションだろう。流動性の罠とゼロ金利という話は、中身は同じでも一般人にはなかなかピンとこない。非常にテクニカルな金融政策の話に見える。長期停滞論は、それが経済全体の状況にかかわる重要な問題だということを、かなりはっきりと打ち出した。そしてその対案も、財政出動してインフラを直せ、というものだ。インフラへの不満は多くの人びとが日々抱いているもので、それを直すことが雇用創出にもつながるという議論は明解だし、一般受けしやすかった（ぼくはトランプの選挙キャンペーンでインフラと雇用が大きく掲げられていたのも、この論争を見て少しヒントを得たのではないかとにらんでいるけれど、それはまあ憶測でしかない）。

そしてまた、かつて否定されたハンセンの議論をあえて墓場から蘇らせた、というのも人目を引いた。それを通じて、大恐慌後の状況と対比させることで、経済がこの停滞から抜け出せる可能性があることを強調したのも、単なるアカデミシャンとしてだけでなく、政策の現場で政治家たちへのアピールのツボを心得ていたサマーズの強さだった。

でも長期停滞論が受けたさらに大きな理由は、そもそもの問題提起である「経済の回復がこんなに遅いのはなぜだ！」という心の叫びを、学者もメディアも国民も共有していたからではないか。その疑問にストレートに答えようとして、しかもその脱出方法があると示したこの議論は、みんなの心に響いたということではないだろうか。同時にサマーズはもちろん、言いっ放しではなくそれを裏づける学術的な研究もやり、この議論に説得力を持たせた。そして多くの学者も、ゼロ金利や流動性の罠をめぐるマクロ経済学の狭い一論争を超えた形でこの問題をとらえ、自分たちの分野とのかかわりの中できちんと考えるようにしていった。まさにサマーズの戦略勝ちというべきだろう。

5 日本への示唆

いまや、世界の経済状況は少しずつ変わりつつあり、本格的に底を脱したといえる状態になりつつある。でも日本だけは別だ。日本だけは、この二〇一九年になってもデフレ脱出を果たしえていない。そして長年にわたる需要不足は、インフラも教育も劣化させた。公共支出を行っても、失われた一〇年／二〇年のおかげで公共工事の受け手も不足し、技能も失われつつある。特に労働状況をめぐる経済環境は改善しているし、経済成長も次第に強さは見せているけれど、まだ安心できる状況ではない。

日本はまさにサマーズの主張したような長期停滞に陥っていた。そして多くの論者は、ハンセンがやったように、その停滞を構造的な理由によるものとして、あきらめて容認するような議論を展開したがる。でもハンセンの議論がはずれたのは、まさに大規模な財政と金融政策が経済の完全雇用を実現し、その前提となる構造そのものを変えたからでもあるようだ。

ならば日本は、いまの回復を本当に確実にするために、金融緩和と同時に大幅な財政出動を推し進めなくてはならない。アベノミクス三本の矢では、金融政策は大規模緩和を実施したものの、財政出動のほうは緊縮財政と消費税率引き上げにより、むしろブレーキをかけている状況だ。

実は最後のバーナンキ講演で、政府は需要を増やすために、民間に対して賃上げを迫れ、という部分があって、ぼくはちょっと笑ってしまった。安倍首相はまさに経団連に対してこれを要求していたからだ。バーナンキの提言をきちんと実践している、と考えるべきだろうか？

もしそうなら……バーナンキのいちばん大きな提言、論争相手のサマーズと同じ提言にも、ぜひ耳を傾けてほしい。このゼロ金利という状況で、大きな公共投資と減税を通じて、完全雇用の実現に向けた努力を進めてほしい。長期停滞論は、日本に対してまさにそれこそがデフレ脱却と経済回復の道だということを示している。そしてそれをしない場合に待ち受けている暗澹たる運命についても、この論争の当事者の二人ともが明確に述べている。いまが日本経済にとっては最後のチャンスかもしれない。そして、世界的にもいまや、あらゆる国が成長鈍化と金利低下に直面しており、この長期停滞論は、まだ出番がありそうだ。ぼくたちは、この長期停滞論の知見を活用して、世界経済を今度こそ本格的に再始動できるだろうか？

あとがき

長期停滞論をめぐる論文は、もちろん本書に挙げたものだけではない。サマーズもクルーグマンも、長期停滞論に関するもっと専門的な論文はいくつも書いている。他の学者も、バーナンキが言及しているＶＯＸ小論集をはじめ、多くの考察を展開している。また最後のバーナンキ講演は、YouTubeでの動画に加え、日本銀行による翻訳もウェブ上で公開されている。特に参照はしていないけれど、当然ながらまったく危なげないものだ。

こうした各種の参考資料や、そしてもちろん本書に収録した各種論文の原文については、本書のサポートページにまとめてリンクを掲載してアクセス可能にする。

また冒頭にも述べたように、本書の収録論説は、ネット上で公開されているコラム、論説、講演、ブログから集めたものだ。そしてこの論争自体がまさにネット上で展開されたものだ。本書は、それをリアルタイムで追う醍醐味を味わってほしいという願いから着想されたものだ、というのもすでに述べたとおり。

そして、それを別の形で実現しようとしている人びともいる。クルーグマンの論説と最後のバーナンキ講演は、経済学論文翻訳サイト「経済学101／道草」でのものを元にしている。このサイト、経済学のおもしろい各種ブログ記事や論文を有志が続々と訳していて、翻訳の水準も高いし、また論説の選び方も実に慧眼だ。このURLもサポートページに入れておく。ここを見ていると、欧米の経済学ブログやネット論壇のレベルの高さとおもしろさが如実にわかる。こういう活動がさらに広まることで、日本でもネットでの論争がそれなりに市民権を得れば、長期停滞論争に匹敵するものが日本の経済学者たちにより展開される可能性も……ないかな、でもまあ、ちょっとだけ期待はしているのだ。

そんなわけで、そうした活動を応援する意味もあり（そしてもちろん正当な対価として）、本書の印税の一部はページ数に基づいてこのサイト運営に寄付される、そして本書がそれなりに好評であれば、他のテーマについてもこうした論説アンソロジーが組めるかもしれない。ロボットやＡＩの経済学的な意義、ブロックチェーンなどのイノベーションの意義、中国経済の動向、その他さまざまなテーマの優れた論説が、いまやネット上には大量に転がっている。それをまとまった形で示すことで、新しい刺激をおもしろい形で提示できるかもしれない。

そしてもちろんそうした需要の増大が、いまの日本の長期停滞脱出にいささかなりとも貢献するのであれば、願ったりかなったりではある。

本書の企画は世界思想社から提案されたものだった。その後、翻訳やこの解説の執筆などで予定よりかなり時間がかかってしまって恐縮です。翻訳は特に悩むところもなかったものの、当然ながら思わぬまちがいなどもあるかもしれない。お気づきの点があればぜひ訳者・編者までご一報を。サポートページ（https://cruel.org/books/secularstagnation/）で随時公開する。下のQRコードからも同じURLにアクセス可能だ。

二〇一九年一―二月ハバナ／東京にて

山形浩生
(hiyori13@alum.mit.edu)

7 バーナンキによる長期停滞論批判に答える

Lawrence Summers, "On Secular Stagnation: Larry Summers Responds to Ben Bernanke," Ben Bernanke's Blog (Brookings)/Larry Summers' site, April 1, 2015.
©Lawrence H. Summers

8 一国と世界で見た流動性の罠（ちょっと専門的）

Paul Krugman, "Liquidity Traps, Local and Global (Somewhat Wonkish)," *The New York Times*, April 1, 2015.
©The New York Times

9 なんで経済学者は人口増加を気にかけるの？

Paul Krugman, "Demography and the Bicycle Effect," *The New York Times*, May 19, 2014.
©The New York Times

10 日本の金融政策に関する考察

Ben Bernanke, "Some Reflections on Japanese Monetary Policy For Presentation at the Bank of Japan," May 24, 2017.
©Ben S. Bernanke

11 経済の発展と人口増加の鈍化（抄訳）

Alvin Hansen, "Economic Progress and Declining Population Growth," *The American Economic Review* Vol. 29, No. 1 (March 1939), pp. 1-15.
©Alvin H. Hansen

出典一覧

1 アメリカ経済は長期停滞か？

Lawrence Summers, "IMF 14th Annual Research Conference in Honor of Stanley Fischer," November 8, 2013.

2 遊休労働者＋低金利＝インフラ再建だ！　再建するならいまでしょう！

Lawrence Summers, "Idle Workers + Low Interest Rates = Time to Rebuild Infrastructure," *Boston Globe*, April 11, 2014.

3 財政政策と完全雇用

Lawrence Summers, "Fiscal Policy and Full Employment," for Presentation at Center on Budget and Policy Priorities, April 2, 2014.

4 なぜ金利はこんなに低いのか

Ben Bernanke, "Why are Interest Rates so Low?," Ben Bernanke's Blog (Brookings), March 30, 2015.

5 なぜ金利はこんなに低いのか　第二部：長期停滞論

Ben Bernanke, "Why are Interest Rates so Low? Part 2: Secular Stagnation," Ben Bernanke's Blog (Brookings), March 31, 2015.

6 なぜ金利はこんなに低いのか　第三部：世界的な貯蓄過剰

Ben Bernanke, "Why are Interest Rates so Low? Part 3: The Global Savings Glut," Ben Bernanke's Blog (Brookings), April 1, 2015.

著者

ローレンス（ラリー）・サマーズ

Lawrence H. Summers

1954年生まれ。経済学者。労働経済、金融経済学、マクロ経済学など様々な分野で活躍し、最年少でハーバード大学教授に就任した一方、クリントン政権時代のアメリカ財務長官、オバマ政権での国家経済会議委員長、世界銀行エコノミストなど公職や準公職も歴任。現在はハーバード大学教授。

ベン・バーナンキ

Ben S. Bernanke

1953年生まれ。経済学者。アメリカ大恐慌、特に銀行の役割についての研究で知られ、デフレの害とその対応としての「ヘリコプターマネー」提案などで有名。2006年にアメリカ連邦準備制度理事会（FRB）議長に就任、2008年世界金融危機への対応で大きな業績を残す。2014年に退職してからはブルッキングス研究所のフェロー。

ポール・クルーグマン

Paul Krugman

1953年生まれ。経済学者。収穫逓増を元にした新貿易理論の創始者の一人として知られ、為替理論（通貨危機）、経済地理学、流動性の罠におけるデフレ脱出策としてのインフレ目標理論など多方面で多くの活躍を見せ、2008年にはノーベル経済学賞受賞。また一般向けの書籍やブログでの明解な時事経済解説も好評。現在ニューヨーク市立大学院教授。

アルヴィン・ハンセン

Alvin H. Hansen

1887年生まれ。1975年没。経済学者。「アメリカのケインズ」と言われ、ヒックスと共に有名なIS-LMモデルを構築するなど、理論的にも学術・実務的にも1930年代のアメリカへのケインズ経済学普及に大きな役割を果たす。景気循環論、特に「長期停滞論」でも知られる。1940年代以降のアメリカ経済政策にも大きな影響を与えた。

編訳・解説
山形浩生（やまがた・ひろお）
1964年生まれ。東京大学都市工学科修士課程およびMIT不動産センター修士課程修了。開発援助コンサルタント業のかたわら、小説、経済、建築、ネット文化など広範な分野での翻訳および雑文書きに手を染める。著書に『新教養主義宣言』（河出文庫）など。主な訳書にジェイコブズ『アメリカ大都市の死と生』（鹿島出版会）、クルーグマン『クルーグマン教授の経済入門』（ちくま学芸文庫）、ピケティ『21世紀の資本』（みすず書房）ほか多数。

景気の回復が感じられないのはなぜか
——長期停滞論争

2019年4月30日　第1刷発行　　定価はカバーに表示しています

著　者　ローレンス・サマーズ
　　　　ベン・バーナンキ
　　　　ポール・クルーグマン
　　　　アルヴィン・ハンセン
編訳・解説　山《やま》形《がた》浩《ひろ》生《お》
発行者　上原寿明

世界思想社
京都市左京区岩倉南桑原町56　〒606-0031
電話 075(721)6500
振替 01000-6-2908
http://sekaishisosha.jp/

（印刷・製本 太洋社）

ISBN978-4-7907-1731-7

『景気の回復が感じられないのはなぜか』
読者にお薦めの本

人口問題の正義論

松元雅和・井上　彰 編

どれくらいの人口規模が理想的なのか？どのような人口政策が正しいのか？哲学、倫理学、経済学がそれぞれ進めてきた知の蓄積を結集して体系化した、最良のガイド。哲学的基礎から、生殖と家族計画、世代間正義、移民・外国人労働者問題まで。

定価 3,600 円（税別）

知的所有権の人類学　現代インドの生物資源をめぐる科学と在来知

中空　萌

豊富な薬草資源をもつインドに「知的所有権」という概念が持ち込まれたとき、現地で何が起こるのか。緻密なフィールドワークにもとづき解明。過去の労働への対価ではなく、未来への責任としての所有という概念を提示する、異色の所有論。

定価 5,200 円（税別）

グローバリゼーションと暴力　マイノリティの恐怖

アルジュン・アパドゥライ 著／藤倉達郎 訳

「文明の衝突」ではない。「文明の殺戮」だ。国民国家が力を失い、人びとのアイデンティティーがゆらいでいる現在、暴力こそが不安を解消するための手段となる。グローバル研究の重鎮が、テロや民族殺戮など、グローバル化の暗黒面と対峙する！

定価 3,000 円（税別）

感性は感動しない　美術の見方、批評の作法

椹木野衣

子供の絵はなぜいいの？絵はどうやって見てどう評価すればいい？美術批評家は、どのようにつくられ、どんなふうに仕事をして生きているのか？絵の見方と批評の作法を伝授し、批評の根となる人生を描く。著者初の書き下ろしエッセイ集。

定価 1,700 円（税別）

定価は、2019 年 4 月現在